謝瑞麟

坐看雲起　平民商人

周凌楓、王向華　著

airiti press

序論

這本書是一部以謝瑞麟珠寶集團創辦人謝瑞麟先生為主角的小說體著作。故事以 1930 年代的香港作為序幕，橫跨 80 年，描繪了謝瑞麟傳奇的人生。謝瑞麟原是一名打金工匠，於 1971 年註冊成立同名珠寶公司。1987 年，該公司在香港聯合交易所上市。「謝瑞麟」在 1990 年代一躍成為香港家喻戶曉的珠寶零售品牌。後來受到亞洲金融風暴及訴訟的影響，謝瑞麟被迫淡出，公司一度沉寂。直至近年，公司勵行改革，業務開始重回正軌，謝瑞麟也以「創辦人」的身分復出再戰江湖。本書旨在通過重現謝瑞麟跌宕起伏的一生，讓讀者得以窺探戰後香港社會的變遷和香港華人企業家的多樣面貌。

壹、為什麼要研究謝瑞麟？

可能有讀者會問，我們為什麼要去研究和書寫謝瑞麟的故事？他的心路歷程有什麼值得借鑒的地方？在回答這些問題之前，我們先簡單說明這本書的源起和背景。

在一次機緣巧合的情況下，我們通過友人的介紹，認識時任謝瑞麟珠寶集團副行政總裁的陳立業先生。當時他跟我們表示，公司有興趣出版一本關於謝瑞麟的書。其實那時候，我們對謝瑞麟這個人，或者這間公司都只有很片面的認識。我們的認知是根據報章或娛樂雜誌的報導所拼湊而成的一些支離破碎的畫面。後來，經過一番瞭解和初步研究後，我們漸漸發現謝瑞麟的創業過程其實是一個很值得研究的個案。

首先，謝瑞麟是一個真正白手興家的平民商人。他出身寒微，教育程度只有小學二年級。13 歲的時候被迫輟學，被父母送去金鋪當打金學徒。滿師後，他繼續靠打金維生。後來，他靠友人借的 3,000 元[1] 自立門戶開設了一間珠寶加工場。他逐步擴張公司，涉足出口和旅遊陳列室業務，又開設珠寶零售分店，最後更把公司掛牌上市。在沒有任何家世的庇蔭下，謝瑞麟由一個打金匠搖身一變成為上市公司主席，這樣一個從無到有的故事在香港的珠寶業界可謂絕無僅有。然而，謝瑞麟的故事並未就此完結。就在他事業發展至最高峰的時候，謝瑞麟卻經歷了一連串的危機，最後甚至身陷囹圄。神奇的是，他並沒有因此而一蹶不振；相反，他一直沉著忍耐，等待東山再起的機會。而他的公司也成功重整旗鼓，直到今天依然屹立不倒。謝瑞麟的一生充滿傳奇色彩，對於熱衷於企業研究的人而言，謝瑞麟的創業及危機處理過程，顯示了其是一個富有研究價值的例子。到底謝瑞麟當初是如何成功突圍而出創造奇蹟？他是如何面對後來遇到的重重難關？

1 除非特別說明，本書使用的貨幣單位為港元。

謝瑞麟珠寶公司這葉孤舟又是如何在驚濤駭浪之中存活下來？這些都是非常值得研究的問題。

另外，謝瑞麟珠寶公司的發展也是一個饒有趣味的華人家族企業個案。謝瑞麟共有三個兒女，公司現在已經傳至第二代，由他的么子謝達峰先生和兒媳謝邱安儀女士打理。相對很多華人家族企業而言，謝瑞麟公司的傳承過程算是相當順利的。謝家的第二代並沒有為了爭奪繼承權而出現爭鬥。謝達峰的大哥從來沒有涉足家族企業；他的姊姊雖曾短暫在公司工作，後來亦為個人發展而選擇淡出。謝達峰幾乎是理所當然地繼承了家業。在華人家族企業當中，單由一個兒子而且是么子來繼承公司是很罕有的例子。華人家族企業經常面臨富不過三代的問題，而謝瑞麟公司順利的傳承過程，對華人家族企業研究起了一定的啟示作用。

其實，謝瑞麟的創業歷程及其公司的發展與香港戰後社會的發展息息相關。謝瑞麟於 1936 年出生，經歷了第二次世界大戰、冷戰、韓戰、六七暴動、中英談判、八九六四等影響戰後香港社會發展的重大事件。我們覺得特別有趣的是，謝瑞麟個人的小故事其實是香港社會的大故事的縮影，他的一生正反映了香港社會的變遷。換言之，如果我們要理解謝瑞麟的個案，我們就必須理解戰後的香港社會。雖然這本書是以謝瑞麟的生平及創業故事為主題，但我們要強調的是，這並不是一部純粹有關謝瑞麟的傳記。我們書寫謝瑞麟，是因為我們想書寫香港。

於是我們開始策劃一個以謝瑞麟和謝瑞麟珠寶公司為主要研究對象的學術研究項目，旨在探討在香港戰後社會背景的脈絡下，華人企業家的創業過程和華人家族企業的傳承。我們向謝瑞麟珠寶公司說明計畫，並成功獲得他們的同意和支持。公司在我們的研究過程中盡力作出配合，也慷慨地支援一些研究活動。然而，我們必須指出，這本書和整個研究本身並不是一個委託項目（commissioned project）。我們是以獨立研究者的身分進行研究，與謝瑞麟珠寶公司取得共識後，我們才展開研究。謝瑞麟珠寶公司一直信守承諾，尊重學術自由和獨立，使我們得以在不受干預的情況下，獲得許多寶貴的研究材料。

貳、研究方法與過程

我們採用了人類學研究的視角去策劃整個研究計畫。我們的研究工作以深入訪談及田野調查為主，輔以文獻採集及研究。整個研究過程歷時近三年。很多人聽到以後的第一反應是：「怎麼要那麼久？你們到底是在研究什麼？」其實，我們經常被不同的人追問這個問題。身邊的親友、謝瑞麟珠寶公司的員工以至其他專業的學者同事們都難以理解，為什麼研究一間公司需要花費那麼長的時間。其實，在人類學界，這是一個再普通不過的研究時程。那麼為什麼人類學研究往往需要花費那麼長的時間？為瞭解答這個問題，我們希望簡單說明人類學研究的一些特性。

一、人類和人類學研究的複雜性

人類學研究一般需要相對比較長的研究時程的原因之一，是因為該學科非常重視田野研究工作（field work）。對所有有志成為人類學家的學者而言，田野研究彷彿是一個成人禮，惟有成功通過該儀式才會被人類學界這個社群承認為其中一員。田野研究工作的成果好壞，也往往被認為是定斷一個人類學家水平高低的最重要的標準之一。當然，這種「萬般皆下品，惟有田野高」的傳統看法在人類學界裡已經備受挑戰。我們無意在這裡參與相關的討論，我們只是想指出，田野調查是人類學研究的一個重要標誌。

以往，人類學家一直認為田野調查是他們的專利。然而，現在很多不同的人文學科都已經吸納了這種研究方法，展開各種形式的田野調查。在這種趨勢下，人類學界內部開始湧現一股強烈的危機感，有的人類學家甚至發表「人類學已死」之類的言論。我們認為，其他學科開始採用田野調查的方法並不會導致人類學科的死亡。畢竟一個學科之所以為學科，不僅是因為大家採用了某一套特定的研究方法，而是因為同一個學科的學者採用相似的理論視角、對現實社會擁有相似的認知基礎，以及對某些基本問題抱有同樣的疑問和研究的熱忱。更重要的是，其他學科所進行的田野研究也並非完全等同於「人類學式的田野調查」（anthropological field research）。有關人類學式的田野調查的詳盡分析，有興趣的讀者可以參閱林開世在 2016 年撰寫的文章。

在本文裡，我們只希望扼要地以親身例子說明人類學式的田野調查的一些特點及其複雜性。

不少人以為田野調查等同於實地考察。對他們而言，「下田」（go into the field）的意思就是參與一些真實的互動活動，包括與當地人進行訪談，參觀一些旅客不會去的地方，甚至在當地作短暫停留以瞭解當地風土民情。然而，嚴格來說，這些田野工作都不能稱得上是人類學式的田野調查。簡單而言，人類學式的田野調查要求研究者盡量密集及長時間地以參與者（participant）的身分融入對象社群，與研究對象共同生活，藉以理解他們的行為以及行為背後所代表的想法及價值。即是說，研究者需要放下自己本身的一套價值觀，在田野研究過程中盡快地把自己由他者（other）變成接近研究對象自我（self）的一個角色，套入研究對象的視角去理解周遭發生的一切；同一時間，研究者也需要不斷跳出所置身的他者的環境，對自己的所見所聞進行批判性的反思。

可能有讀者會覺得，說到底人類學式的田野調查不就是研究時間比較長、比較密集而已嗎？理論看上來好像很直接簡單，但要在現實世界中實踐這種研究方法卻是困難重重。一開始的時候，我們也花了一段時間向謝瑞麟珠寶公司說明我們的田野調查方法。公司方面雖然似懂非懂，但在我們的堅持下還是願意配合，批准其中一位作者以員工的身分在公司的企業傳訊部工作一年，與員工們共事互動，從而觀察及研究公司的真實情況。我們的田野調查範圍並非只限於公司總部辦公室。同樣地，在獲得公司的同意後，我們也在其他的地點，包括公司旗下不同的零售分店、陳列室以及位於沙頭角及番禺的珠寶製作工場等地進行了田野研究工作。

除了田野調查外，我們同時也展開一連串的深入訪談，兩者互為交錯。在公司的配合下，我們最終成功訪問了共三十位員工。每次訪談的時間平均為兩個小時。視乎需要和受訪者的意願，有時候我們會與同一位受訪者進行多次訪談。受訪者的個人背景、教育水平、職位、工作崗位和年資等等都非常不同，其中包括新晉的專業管理高層、經驗豐富的前線銷售員以及珠寶工匠等等。這些訪談有助我們全面接觸及瞭解公司不同階層的員工。當然，訪問對象也包括謝氏家族的成員。我們分別與謝達峰和謝邱安儀進行了一次的正式訪談。至於主角謝瑞麟，我們更與他進行了共達八次的正式訪談，此外，也有私下相約聚餐見面聊天。

我們闡述以上這些「研究方法」的方式可能會讓讀者有一種錯覺，認為研究過程發生的一切都是在我們的計劃之內，盡在我們掌握之中。現實恰好與之相反。其實我們，特別是該位負責在公司進行田野調查的作者，在研究過程中遇到了很多其他人類學研究者都必然會面臨的問題。

（一）模糊曖昧的身分角色

田野研究工作的成果好壞，很多時候取決於研究者在對象社群的融入度，和與研究對象的關係親密度。如果要達到上文提及的人類學式的田野調查的目標，研究者必須爭取研究對象的信任和接納，才有可能從一個他者慢慢轉化為對象社群中的一員。這也意味著研究者的身分往往是尷尬與曖昧的。他既是作為研究者的他者，又同時是對象社群中的成員。

研究者到底是誰？是「自己人」抑或是外人？是敵還是友？這些問題無可避免地會對研究對象造成一定困擾。以我們的研究為例，其中一位作者就是以新入職的企業傳訊部主任的身分進入謝瑞麟珠寶公司進行田野調查的。基於倫理原因，我們從來沒有刻意隱藏該作者的「真實」的、作為研究者的身分。然而，在真實的工作環境中，該作者也難以用三言兩語向接觸到的每一位員工清楚交代自己的工作。即使是同部門的同事，也需要一定時間才能慢慢理解該作者的角色。一開始的時候，他們還會不停提問，希望排除心中的疑惑。然而幾個月後，他們也就漸漸習慣了該作者的「奇怪」的身分。

他們感到奇怪是因為該作者一方面就像一般員工一樣，需要處理部門日常的公關工作，比如說協助活動的籌劃、草擬文稿以及聽從上級指令處理各種雜務。另一方面，該作者卻會突然離開正常的工作崗位，在公司內或者其他地方進行研究，包括搜集及整理資料、進行訪談及其他田野調查工作等。對一些員工而言，該作者就像是雙面人一樣的存在。有員工曾經笑言，該作者根本就是電影《無間道》裡的梁朝偉。雖然那只是一個玩笑，但也反映了員工或多或少都會對以「同事」身分與他們共處的研究者有一點防避。

比起研究對象，其實模糊的身分對於研究者而言產生了更大的困擾。以我們的情況為例，走進公司進行田野研究工作的該位作者在研究初期飽受各種壓力的煎熬。該作者一方面需要學習公關的工作技巧，恰如其分地做好自己的工作，努力融入公司；另一方面卻又要時刻保持研究者的敏感和警覺，提醒自己不要忘記研究的「本分」。有時候，該作者也分不清楚自己到底是誰。在大部分時候，該作者的內心一直處於被拉扯撕裂的狀態。

（二）變動的關係

經過一段時間的相處和磨合後，該作者終於慢慢成功與其他員工建立了關係。隨著研究者與研究對象的關係出現變化，研究者可以獲得的資訊也開始出現變化。籠統而言，研究者與研究對象越熟稔，研究對象自然更願意吐露真實的想法。但事實並沒有那麼簡單。其實很多時候，研究者與研究對象的互動會牽涉到更深層次的權力關係。在此，我們將再舉一個例子加以說明。有一次，當其中一位作者去公司一間零售分店進行田野調查時，由於事前的溝通出現誤會，店裡的經理以為該作者是一個到公司實習的大學生。因此一開始的時候，經理和其他員工都對該作者表現得有一點冷漠。後來，當經理得知該作者的身分後，則變得非常殷勤，主動跟作者說了很多關於店鋪的事情和自身的經歷。其他員工也變得積極，盡量配合解答該作者的提問。

這是否意味著該作者總是在研究過程中占上風，總是能夠讓別人配合自身的研究工作？答案當然是否定的。當該作者去公司另外一間零售分店進行研究時，也曾碰到釘子。由於該作者一開始就表露了自己的身分，因此店理的經理和大部分員工都十分願意與該作者攀談。但有一位營業員卻從一開始就表現得非常冷淡。不管該作者如何嘗試以不同的友好方式試圖與她溝通，她也只是不耐煩地敷衍回答。或許對她而言，該作者只是一個阻礙她工作的陌生人。在現實中，不同的研究對象面對研究者時都會有不同的反應。就算是同一位研究對象，在不同的場合、與不同的人相處時也會呈現出不一樣的自我。比如說，一個員工私下可能會跟作為同事的研究者抱怨工作上所遇到的不滿，但在接受正式的訪談時卻對負面的事絕口不提。身在田野裡的研究者無時無刻都要面對及拆解各種浮動不定的關係以及不斷轉化的自我呈現（presentation of self）。

（三）研究的變數

其實研究過程本身就是一個不定數，特別是一些針對人類行為的研究。很多時候大家都以為研究是一個可完全受到控制的東西。在現行的學術體制內，如果我們要從事牽涉人類的研究，我們就必須向有關的倫理委員會提交一份申請，詳細說明研究的目的、方法和過程，確保研究對象不會受到傷害。在提交申請的時候，除了詳細的研究計畫外，我們還要附上訪談的擬定問題，同時也要草擬一份意向同意書，向研究對象詳盡說明研究的細節。其實這樣的格式規定根本與人類學研究的真實過程相去甚遠。我們並不是打算在特定的受控環境中對人類進行特定的實驗，而是希望與活生生的人進行活生生的互動。互動的意思就是我們之間的交流是動態的，研究者的言論、態度及情緒等等都會影響研究對象的反應；反之亦然。因為我們的互動是相向的，這也意味著我們無法確實預測對方的反應以及自己的回應。

以我們在謝瑞麟珠寶公司進行訪談為例，很多時候，公司都會要求我們先草擬一些訪談問題以讓受訪者有一個心理準備。我們固然明白他們的想法，然而，我們所進行的深入訪談都是開放式的訪問。意思是說，我們並不需要受訪者回答特定的五個、十個或者二十個問題。相反，我們要做的是圍繞一些主題來與受訪者聊天，從而瞭解他們的故事及想法。對我們而言，在訪談中獲取客觀的資訊固然重要，但更重要的則是我們可以藉此觀察及分析受訪者是如何陳述自己的經歷以及對公司的看法。訪談的結果和質素取決於訪問者和受訪者雙方的互動。有些受訪者非常健談，善於表達自己。面對這些受訪者的時候，我們自然得心應手，可以深入探討各種不同問題，引導他們發表意見。但有些受訪者卻較為被動。面對這些受訪者的時候，即使我們盡力提出不同的問題，但話題往往很快就結束，無法延伸。

這並不代表我們是漫無目的地進行研究。在每次進行訪談或田野調查之前，我們腦海裡當然已經有一個概念，知道自己的目標和想要瞭解的議題。我們想強調的是，在現實的人類學研究過程中，我們往往會遇到計畫以外的狀況。有時候，我們會無意中發現了之前一直忽略的重要的事情；有時候，我們則怎樣都無法按計畫獲得想知道的資訊。例如，我們曾經在前往一間公司的零售分店進行田野調查前，只是想要瞭解該店的運作情況、具體的銷售過程及客源等等。就在我們差不多完成該天的研究工作時，有一位常客匆匆跑進店裡，放下自己的信用卡給員工就趕著買菜去了。過了一會，她提著大包小包的東西回來，與員工們有說有笑，待了差不多一個小時才離開，好像把店舖當成是自己的家一樣。經理後來跟我們細說了該客人的故事及她們之間的友誼。這突如其來的一幕把我們思考的方向引到「人情味」這個議題上。又有一次，其中一位作者獲安排去位於公司總部的陳列室進行田野研究。就在該作者離開陳列室，準備返回辦公室的時候，剛好就在公司的大堂碰見一位導遊與幾位旅客發生罵戰。這一段小插曲則提醒我們在分析陳列室業務時，需要加倍注意導遊在業界生物鏈中的位置。以上種種例子說明了，在現實中人類學研究過程的發展往往不是研究者所能完全控制的。作為研究者，我們需要克服研究過程中經常遇到的不安定的感覺，適應計畫與實踐之間巨大的落差並及時作出反應調整。

（四）自我批判與內心交戰

其實，進行人類學式的田野調查最困難的是要不斷游走於他者與自我的觀點視角之間。進行田野研究工作的研究者並不只是與研究對象一起相處，對他們作出觀察。更重要的是，研究者需要紀錄他的所見所聞，並對這些資料進行分析批判，最後把它們寫成民族誌（ethnography）。研究者需要分別記下別人跟他說的事情、他自己所觀察到的事情以及他對這些事情的詮釋，不可以把三者混淆。由此可見，研究者需要經過好幾層的換位思考。他要像海綿一樣沉浸於對象社群之中，與研究對象一起在這片大海之中暢泳，學習他們的文化；他又要像坐在臺下欣賞表演的觀眾一樣，仔細觀察研究對象的一舉一動。同時，他也要抽離置身的社群，重回自己的書桌前反思批判他經歷的一切。有時候，他會嫌自己太靠近研究對象，潛移默化地把他們的一套當成是理所當然的，缺乏了批判思考。但有些時候，他也會反覆審問自己是否被自己熟悉的一套文化系統所蒙蔽，把自己的價值強加於研究對象身上。

研究者遇到的最大問題是如何把「真相」呈現出來，一個他嘗試以研究對象的視角去認知，又用自己的視角加以審視分析的

「現實」。研究者在田野研究的過程以至書寫民族誌時必會被一場場的心理交戰折磨。最令他難以逃避的是與研究對象建立的關係及感情。他時刻想著，要如何書寫才能對得起他們的信任？怎樣才能避免錯誤描繪他們？怎樣才能公正地理解他們的思想及行為？我們也面對同樣的挑戰。對我們而言，謝瑞麟和其公司的員工不是一種研究工具，也不僅僅是研究對象或者報導人。我們之間有一種難以言喻的、特殊的關係和羈絆。

（五）人之所以為人

我們闡述了進行人類學式的田野研究工作時遇到的種種問題，是為了指出研究人類與研究物件、植物甚至是動物都並不一樣。要理解人類的行為及人類社會的現象，就需要使用一套針對人類特性的研究方法，這就是人類學式的田野研究方法的源起。那麼人類的特性是什麼呢？篇幅所限，我們無法在這裡作出深入探討，但從我們列舉的例子可見，在我們研究人類行為的時候，需要注意幾點。首先，人的主體性（subjectivity）是一種關係式（relational）的存在。意思是說，人的主體性是由與其他人的互動所產生及影響而成的，而並非是獨立不移地存在。因此，人的主體性是流動（fluid）及不穩定的（uncertain），會跟隨所在的環境、社會脈絡以及與其互動的他者而變化。所以我們不應該把人定型，把他們視為不變的物件；同樣地，我們也不應該輕易地把個人淹沒在群體裡，把群體裡的成員想像為一模一樣的人。我們選擇以人類學的視角去進行研究，是因為它提醒並鼓勵我們要去強調並呈現人的這種多元的面貌。

二、文獻研究

除了進行深入訪談和人類學式的田野研究，我們也搜集了大量舊剪報。謝瑞麟珠寶公司於 1987 年上市，但上市前的資料很多都已經遺失。因為公司本身沒有建立完整的企業歷史資料庫，我們需要搜集不同的文獻紀錄去核實並重建公司的歷史；而很多歷史就算是謝瑞麟本人也記不清楚。謝瑞麟是一個很實際的人，自然不會花時間和精力去保存與自己和公司有關的歷史材料。或許他到現在仍然不明白，為什麼一個以前用的鉗子或者一張他開具的發票到了今天居然可以成為有價值的文物。

剪報採集的工作主要是由我們的研究助理協助完成。我們委派他們去香港大學圖書館查閱微縮膠片，翻查 1970 年代至 1990 年代香港的舊報章，目標是找出並儲存有關謝瑞麟珠寶公司和其他珠寶公司的報導和廣告。我們需要這段時期的剪報是因為謝瑞麟在 1971 年才正式註冊公司，而在 1970 年代之前謝瑞麟的工場只是一個山寨廠，幾乎不可能有相關的報導。至於 1990 年代後的報章，我們已經能在電子資料庫中搜索到，因此不需要他們特意花時間去檢閱微縮膠片。即便研究範圍已經壓縮至

1970 年代至 1990 年代，這仍是一個非常龐大的工程。研究助理們需要一頁一頁在電腦上仔細察看幾十年的報章，若是有使用過微縮膠片經驗的讀書應該可以理解此過程的辛苦。如果要研究助理們在短時間內把香港所有報章都全部看完，那根本是一個不可能的任務。因此，我們最後鎖定兩份報章作為搜查目標：《華僑日報》和《明報》。此舉原因有兩個。其一，兩份報章都具有流通量大的代表性；其二，謝瑞麟向我們提過他曾在該兩份報紙上賣過廣告。

結果，我們的研究團隊搜集了 181 份報章上有關謝瑞麟珠寶公司的廣告和報導以及逾千份關於其他珠寶公司的剪報。廣告對我們而言是很重要的資料來源，因為它們可以幫助我們重建謝瑞麟珠寶公司的歷史，以及比較該公司與其他珠寶公司在市場推廣的策略和銷售風格等的相異。我們也在香港政府檔案處找到一個編號為 HKRS1056-1-125 的檔案，裡面包含了 1968 年至 1983 年期間關於香港珠寶行業的剪報。這些剪報主要與珠寶貿易有關，也為我們理解香港珠寶業的發展提供了珍貴的材料。

除了採集資料外，我們也進行了深入的文獻研究，蒐集並分析現有的關於戰後香港社會、香港珠寶業和華人家族企業的各種著作。我們無意在這裡進行詳細的文獻回顧（literature review）。在我們另外一部著作 *Tradition and Transformation in a Chinese Family Business* 中，我們將會深入分析探討過去的一些有關華人家族企業的研究成果。在本文裡，我們只會扼要地指出過去相關研究中幾處可以增補的地方。

首先，過去已經有不少學者對華人家族企業作出深入研究和探討，並獲得了豐碩的研究成果。這使我們可以接觸到很多不同的關於華人家族企業的個案研究和分析。這些研究之中，有的是採用歷史學的視角，利用不同的歷史資料重建對象企業的歷史；有的則是通過訪談的形式，重點描繪企業家的心路歷程。然而，很少過往研究是結合歷史資料搜集、深入訪談和田野研究幾個元素。通過長期密集的田野調查而寫成的華人家族企業學術著作更是少之又少。另外，目前的相關著作之中，有一部分只是針對個別的華人家族企業作出研究，並沒有分析其置身的社會和歷史脈絡。也有一些著作只是空泛籠統地概論華人家族企業的情況。這些研究最主要的缺點是，它們並沒有仔細探討和釐清華人家族企業的文化和意義。

我們想強調的是，我們不能假設「企業」或者「家族」的意義在每一個文化都是一樣。以中國和日本的家族概念為例。中國人和日本人對「家」的著眼點不同，前者重視家族譜系的延續，後者則重視家（ie）的經濟上的延續。兩者對家族概念的差異也同樣反映在中國和日本的家族企業上。一般而言，中國人會毫不猶豫地犧牲公司的利益去確保家族的譜系得以延續。這也解釋了為什麼中國的企業家會堅持把他們的家業傳給不怎麼出色甚至是無能的兒子。而日本的企業家則傾向排除無能的兒子，把家業交給最能幹的養子，甚至直接把生意傳給婿養子（mukoyōshi），確保公司得以延續（陳其南 1986:10-23, 95）。從以上的例子可見，我們不能假設在不同文化中的家族都是一樣的；同樣地，我們也不能假設在不同文化中的家族企業會呈現一模一樣的行為。

當然，我們並不是認為在同一文化下，所有的家族和家族企業都是一樣的。如果它們都是一樣的話，我們就不需要研究那麼多不同的華人家族企業個案了。我們只是想強調，要研究華人家族企業，就必須認真探討「家族」和「企業」的文化。

參、出版計畫

我們以田野調查、深入訪談及文獻研究所搜集到的資料為基礎撰寫了兩部著作。第一部是以英語書寫的學術專著，也即是上文提及的 *Tradition and Transformation in a Chinese Family Business* 一書。在該著作中，我們將探討謝瑞麟珠寶公司在香港戰後的社會脈絡下的發展歷程以及謝瑞麟的創業過程。具體而言，我們會首先分析香港戰後的社會及文化脈絡，然後我們會描繪謝瑞麟的人生背景及從而衍生的性格特徵。接下來，我們會追溯謝瑞麟的創業經過及其與不斷變動的香港社會脈絡之間的互動。我們旨在通過研究謝瑞麟的個案，深入探討及反思企業家精神（entrepreneurship）、華人企業家精神（Chinese entrepreneurship）、歷史事件（historical event）、創業過程作為一種歷史事件以及華人管理模式（Chinese management）等理論主題。

該學術專著將會由羅德里奇（Routledge）出版社出版，預計於 2017 年上架。而它的中文翻譯本《謝瑞麟：一個傳統華人家族企業的現代化研究》則會由臺灣的華藝學術出版社出版。我們非常期待各位讀者的回饋。

至於讀者手上的這本小說，則是我們計畫裡的第二部著作。除了原本已經搜集的資料外，在撰寫這本書的時候，我們特意查看了一些 1950、1960 年代的粵語長片，包括《細路祥》（1950）、《危樓春曉》（1953）及《馬票女郎》（1958）等，又借閱了一些香港短篇小說選集（也斯 1998；梅子 1998；馮偉才 1998；劉以鬯 1997；黎海華 1997），以確保小說的內容能夠確切反映真實的戰後香港社會的情況。

有些讀者可能會感到好奇，為什麼我們要撰寫及出版兩部不同的著作？特別是對從事學術研究工作的人而言，學術出版才是最主要的績效指標。那麼為什麼我們還要多此一舉，在出版學術專著之餘，還花時間去構思和撰寫一個小說體的故事？

肆、學術體系與知識生產

要回應這個問題，我們必須先闡釋學術出版的一些局限性。所有的學術研究都是受到一套學術體系（academic regime）所規範的。我們想強調的是，從事學術研究工作的人就本質而言全都是「上班族」（salaryman）。他們需要通過進行研究和教學工作換取薪酬，而學術出版就是工作上最主要的評核標準。因此，學術研究與寫作的題材與方法也必定受到學術機構的評核制度影響。除此以外，所有學術出版必須嚴格遵從一套特定的學術文章格式和學術寫作風格，也要通過雙盲同行評審（double-blind peer review），始能符合學術期刊與學術出版社的出版要求。換言之，學術寫作與出版是一項非常規範化的行為。研究者背後的學術體系決定了研究者該做什麼和不該做什麼。這套體系定義了什麼是「合適」和「具重大貢獻」的研究，也定義了什麼是「非專業」和「影響偏低」的研究。為了符合這套體系的要求，研究者往往只能在選題、內容及寫作手法等等方面作出妥協。

一部學術專著的典型論述結構如下：首先要有一章緒論，闡釋該書的主旨、文獻回顧、研究方法以及全書的結構；接著就是書本的主體部分；最後，書本會以一章結論作結，作者需要總結並指出全書的主要論點和研究成果，以及論述這些成果是如何呼應前言提及的現有的文獻研究。最後，作者也要清楚闡明該書的研究成果對所屬學科所作出的貢獻。如果想出版一部能被學界承認的有價值的學術著作，作者書寫時就必須嚴格遵從這套結構格式。

我們選擇以小說體撰寫謝瑞麟的故事，正是希望突破這種學術體系的制約，嘗試以新的方式及視角敘述同樣的故事。我們希望這本小說可以呈現不一樣的風景。在學術出版中，為了確保論述和理論框架的完整性，研究者很多時候會選擇避開處理一些相互衝突的觀察，當作沙石一樣剔除。在嚴密的格式規範下，研究者也難於學術出版中細膩地描繪個人的內心世界和情感。

小說體卻賦予我們很大的自由度，立體地呈現不同人物的立場和想法以及各人之間的互動。我們也可以讓各種在真實世界中存在的矛盾、困惑和荒謬自由地在故事中流動。在學術專著裡，我們需要以「客觀」或「科學」的姿態，陳述事件的來龍去脈以及分析事件的起因。結果，大家只可以明白事件的源起及發展，卻無法理解主角人物的思維及觀點，也因而難以理解全面的事實。以謝瑞麟父子為例，現實中，他們被裁定挪用公款罪成立。大家只著眼於他們犯了事這一事件，而沒有深究背後的原因。到底他們為什麼會這樣做？他們的觀點和想法到底是怎樣？我們在書中即詳細描繪了謝瑞麟和謝達峰在面對一連串危機時的複雜內心世界，勾劃出謝瑞麟對公眾公司（public company）定義的不理解以及謝達峰的激烈內心交戰。在學術專著裡，我們根本不可能有這個空間去捕捉及呈現人物的情緒起伏及掙扎矛盾。以小說體形式書寫的好處在於我們不需受到學術體系的制約，被迫以內容遷就格式。

伍、開放文本（open text）與對「真實」的疑惑

另外，在學術研究和出版裡，研究對象幾乎是處於絕對被動的位置。他們被觀察、研究、分析和評價。相對研究對象而言，研究者擁有幾近絕對的話語權。因為在出版裡我們看到的都是經研究者消化後的故事，那些文字代表的都是經研究者的視角而折射出來的「現實」。我們希望打破這種不平等的權力關係，所以我們在書本的格式上也作出新嘗試，在正文後面加插回應的部分，邀請謝瑞麟這位研究對象親自對我們撰寫的內容作出批判。

其實本書其中一位作者就曾在他自己的著作中作出這種開放文本（open text）的嘗試（王向華 2015）。該專著是該作者對其早年一部有關在香港的日資百貨公司的民族誌的自我批判之作。該作者受到日本人類學家 Takami Kuwayama（2004）的啟發，希望把開放文本的概念引入自己的著作。因為他的研究書寫了他眼中的日本企業，所以他特意邀請了三位日本學者撰文對他的民族誌作出批判，並把他們的回應原封不動地放在書本的結尾，讓讀者一併參閱。在這本著作裡，我們繼續延續開放文本的嘗試，這次更邀請研究對象本人書寫他自己的真實感想和反應。

開放文本的概念其實就是意圖打破作者對「真實」再現及詮釋的壟斷權。不論研究者是多麼客觀，所進行的研究是多麼嚴謹，他的視角也難免受到自身的環境以及文化系統所限制。不論他如何全面地思考及書寫，他的論述其實也僅能代表非常少數的

聲音以及非常狹隘的觀點。如果要呈現「真實」的完整光譜，我們就必須加入其他人的聲音。我們指的並不是由作者代為轉達不同人的聲音，而是要讓其他人直接加入書寫以至知識生產的過程當中。

在這本書中，我們便邀請了作為研究對象的謝瑞麟一起加入這個建構「真實」的過程當中。其實除了謝瑞麟外，兩位作者也是相互衝擊、挑戰及批判。基於我們的出生、背景以及經歷的不同，我們代表的已經是兩個不完全一樣的視角。我們在經歷一連串的衝突、討論以及協調後才寫成了本書內的故事。我們希望在將來可以進一步擴大開放文本的實驗，邀請更多不同的人物一起書寫及進行反思。然而，這種鼓勵多樣「真實」的再現的書寫方式，在學術界仍然暫時處於非常邊緣的位置。為了避開學術界諸多不可逾越的藩籬，於是我們創作了這本小說。

讀者也許會問：「這本書所描述的是一個真實的故事嗎？」我們的第一個反應是，這本書反映的是結合了歷史資料，以及我們在真實世界中對謝瑞麟及其公司的觀察和理解，所歸納而成的看法和評價。可能依然有讀者會認為，這本小說不及學術出版專著來得「真實」，所以價值也自然比較低。為了回應讀者的疑惑，我們將簡單地探討何謂「真實」這個議題。

首先，我們想打破「小說＝虛構＝主觀」與「學術著作＝真實＝客觀」的二元對立。我們想強調的是，即使是嚴謹的學術專著，它的論述也無可避免地是一種選擇性再現（selective representation），所以它並沒有可能是絕對客觀的。其實所有的語言論述都是一種選擇性再現，因為語言本身並不能完整地重現我們的世界。著名的人類學家馬歇爾・薩林斯（Marshall Sahlins）曾經說過，即使我們用上200頁的篇幅，也不能完整地描繪一個漢堡包的所有特性。因為一個漢堡包本身就擁有多不勝數的特性：顏色、成分、質感、給人的感覺和聯想等等。想要通過語言去完整地捕捉這些所有特性是一個不可能的任務。因此每一種描述都必然是理論導向的，即是說因為我們無法完整地重現一個漢堡包的所有特性，我們只能選擇注視及突出其中一些特性，而選擇放棄及無視其他的特性。所以其實每一種論述都必定是局部的（partial）、選擇性的對現實世界的再現。因此，學術專著並不是絕對真實及客觀的。

那麼小說又是否純粹為一種摒棄了對現實世界的重現的主觀描述？我們的答案是否定的。我們不會形容這本小說為純粹虛構的故事。首先，那當然是因為小說中大部分的情節和事件都是真實發生過的。其次，我們會把這部小說理解為一個載體，把多重的「真實」和各種不同的視角全部擠壓在一個小小的小說篇幅空間內。我們的意思是，除了盡量呈現謝瑞麟的故事外，我們也想呈現謝瑞麟所身處的香港社會脈絡。但由於謝瑞麟只是香港社會的部分縮影，為了呈現一個完整的、理想型（ideal-type）的香港社會背景，我們便需要添加補充一些可以交代香港社會歷史變化的情節。同時，這本小說雖然以謝瑞麟為主角，但我們並非只是描繪謝瑞麟的感想和觀點。相反，我們其實在故事布局上融合了兩位作者及其他人的視角。為了保持故事的流暢度以及出於修辭性的考量，我們自然需要對一些情節、人物角色以及對話作出調整。

學術專著呈現的是否為絕對真實及客觀的世界？而小說描繪的又是否僅是一個虛構的故事？我們希望讀者在讀完這本書後可以找出答案。

陸、創業歷程作為歷史事件

那到底我們在這本書裡撰寫的是一個怎麼樣的故事？這本書既是關於謝瑞麟這個人的創業歷程，也是關於香港社會的變遷。或許有不少讀者只是關心一個問題：到底謝瑞麟如何白手興家，從百無的窮小子變成叱吒一時的珠寶大王？其實謝瑞麟的成功是個人與社會之間相互碰撞的結果。如果讀者希望通過這本書尋求一條致富的方程式，很遺憾，恐怕您們將會失望而回。因為世界上根本不存在一套所謂的特定的成功方程式。套用中國傳統哲學思想的論述，成功需要講求天時、地利與人和，三者缺一不可。以謝瑞麟為例，他的成功很大程度是受惠於戰後香港的特殊政治、社會以及經濟環境。如果我們把謝瑞麟這個人放到其他的社會脈絡裡，結果肯定不會全然一樣。每個人的行動都一定受到社會脈絡的規範。謝瑞麟的成功其實應該理解成謝瑞麟在香港這個特定的社會脈絡中的成功。換言之，我們要理解謝瑞麟的成功，就必須理解他置身的香港社會脈絡。

但這並不代表謝瑞麟只是一臺沒有自我個性的文化機械人（cultural robot）。如果是這樣的話，那麼在同樣的社會位置上，每個與謝瑞麟背景相似的人都應該獲得一樣成功。顯然，事實卻並非這樣。謝瑞麟也有他作為個人的特點，而這些特點又是由他個人的家庭背景和經歷所塑造而成。社會上的每一個人都是獨一無二的，也有個人的歷史能動力（historical agency）。存在主義大師尚－保羅 ‧ 沙特（Jean Paul Sartre）曾經言簡意賅地說明了個人的獨特性。他用法國著名詩人保羅 ‧ 瓦勒里（Paul Valery）作為例子說過，瓦勒里無容置疑地是一個小資產階級知識分子，但並不是每一個知識分子都是瓦勒里（Sartre 1963:56）。同樣道理，在沒有發跡前，謝瑞麟無容置疑地是一個低下階層人士，然而，並不是每一個低下階層人士都是謝瑞麟。

我們應該把謝瑞麟的成功理解為一件歷史事件，即是說，這是由個人與社會脈絡之間無數的特定的組合碰撞而成的結果。一方面，謝瑞麟的創業歷程是受到香港戰後社會脈絡的結構所規範。香港戰後的經濟經歷了幾次重大的變化轉型，加工製造業在 1950、1960 年代崛起、1970 年代是出口的黃金期、至 1980 年代零售及服務業開始蓬勃發展。謝瑞麟的創業歷程與香港戰發經濟發展的軌跡幾乎完全一致。他以珠寶加工場起家，其後陸續發展出口、陳列室（旅遊團導向的門市）以及零售等業務。謝瑞麟其後遭遇的危機其實也與當時的香港社會背景息息相關。1997 至 1998 年間發生的金融風暴導致香港樓市泡沫爆破，謝瑞麟也首當其衝損失慘重，最終導致債臺高築。後來，謝瑞麟因為向旅行社職員及導遊提供非法回佣而被落案起訴，這也是與當時的旅遊業市場結構以及行內盛行的佣金制度有關。

另一方面，同樣的一套香港戰後社會脈絡的結構卻無法完全決定謝瑞麟的所有行為。謝瑞麟有不少行為是按照自己的一套思維以及強烈的逐利心態所驅動。例如，謝瑞麟並沒有像當時很多開設山寨廠的人一樣只是把公司停留在加工的階段；他選擇把自己的公司上市；他沒有強迫長子回來香港繼承家業等等。這些例子都說明了謝瑞麟具有強烈的能動力（agency），會在客觀條件的限制下運用自己的主觀意志作出反應。

我們想說明的是，除非我們能完全複製所有的條件，不然謝瑞麟的成功必然是可一不可再的事件。同一道理，其他商人的成功也是獨一無二無法被再生產的歷史事件。其實謝瑞麟自己心裡也根本沒有一套成功的方程式。謝瑞麟的個性特色之一就是實際和靈活。現實中他根本沒有想太多，只是見步行步，按照實際情況作出反應，見機行事。其實我們常常掛在嘴邊的「機會」和「成功」都是一種回溯性的概念（retrospective concept）。明顯地，謝瑞麟在作出決定的一刻，其實根本無法肯定自己的決定是否正確，更不要說他清楚見到「機會」然後走去捕捉。我們惟有在謝瑞麟成功後才能知道他當時其實是成功把握了「機會」。我們想強調的是，在做決定的時候，企業家自己根本也不確定所做的事會否轉化為機會甚至是成功。因此，一套特定的萬試萬靈的成功方程式根本並不存在。

我們之所以主張謝瑞麟的成功乃一件歷史事件，除了因為那是個人與社會互動的結果外，也因為該過程也是由各種歷史的偶然事件所組成。例如，謝瑞麟與各個曾經給予他幫助的恩人及朋友的相遇本身就是一種緣分；他的長子剛好對家族生意沒有興趣，所以公司並沒有出現繼承權的問題；謝瑞麟有資本去投資地產股票時，卻又剛好遇上金融風暴。這些事件都是歷史的意外，而這些意外也是組成謝瑞麟的創業及人生歷程中的不可或缺的一部分。

總括而言，謝瑞麟的故事對我們有以下幾點的啟示作用。首先，要理解一個企業家的成功，必須同時理解他置身的社會脈絡。我們不能忽視創業過程的歷史及社會性。另外，我們也必須認清歷史的特殊性和偶然性，不應該相信有一套通行於任何社會和任何階段的必勝方程式。最後，我們想強調的是我們不應該把成功的企業家想像成超人。他們其實也是一個有血有肉的凡人，有個性的優點和缺點，也有各種情緒和慾望。謝瑞麟本身就是一個普通人，沒有顯赫的家庭背景，出生以來一直與貧窮搏鬥，是當時普羅大眾的典型寫照。他一直努力拼搏，最後終於闖出名堂。然而，在人生最風光的時候，他卻接二連三遭遇危機，自天堂上跌入地獄。然而，他卻沒有因為種種打擊而被擊潰。最後公司渡過重重困難重上正軌，而謝瑞麟也以創辦人的身分回歸公司。他這種堅毅的精神和永不放棄的態度實在值得我們學習。

柒、鳴謝

我們想藉此機會感謝所有支持我們完成這本書的人。

我們特別感謝以下的人士：謝瑞麟珠寶集團主席謝邱安儀女士、謝瑞麟珠寶集團副行政總裁謝達峰先生、謝瑞麟珠寶集團前副行政總裁陳立業先生、謝瑞麟珠寶集團企業傳訊部主管潘綺華小姐及助理經理彭羨欣女士、謝瑞麟珠寶集團上下所有被訪者、我們的研究團隊以及韋瑋小姐。

另外，其中一位作者於研究期間曾擔任日本國立民族學博物館的訪問研究員。該作者希望藉此機會感謝日本國立民族學博物館對其研究工作的支持，其中尤為感謝的是館長須藤健一教授以及接待人河合洋尚博士。

我們也一定要感謝華藝學術出版社的范雅竹小姐。如果沒有她的支持和鼓勵，這本書根本不可能問世。我們也很感激編輯鍾曉彤小姐為本書出版所付出的心血和努力。

最後，我們衷心感謝謝瑞麟先生的信任和支持。

現在就讓我們一起經歷和感受謝瑞麟充滿戲劇性的一生。

參考書目

也斯編
1998　香港短篇小說選：六十年代。香港：天地圖書。

王向華
2015　友情與私利：一個在香港的日資百貨公司之民族誌。新北市：華藝學術出版社。

林開世
2016　什麼是「人類學的田野工作」？知識情境與倫理立場的反省。考古人類學刊 84:77-110。

梅子編
1998　香港短篇小說選：八十年代。香港：天地圖書。

陳其南
1986。文化的軌跡。臺北：允晨文化。

馮偉才編
1998　香港短篇小說選：七十年代。香港：天地圖書。

劉以鬯編
1997　香港短篇小說選：五十年代。香港：天地圖書。

黎海華編
1997　香港短篇小說選：九十年代。香港：天地圖書。

Kuwayama, Takami
2004　Native anthropology: The Japanese challenge to western academic hegemony. Abingdon: Marston.

Sartre, Jean-Paul
1963　Search for a method. London: Methuen.

坐看雲起｜平民商人

謝瑞麟

【目次】

第一章｜風暴前夕

1936年，榕樹頭。

「一碗蛇羹，快！」康來一邊叫嚷，一邊坐到長木櫈上，順勢把腿擱在上面抖。木櫈本來已經不穩，康來這樣一抖，幾乎把木櫈搖翻。

「老闆，你這什麼破櫈，也不修一下？」康來厲聲罵道。

「不好意思，不好意思，來，小心燙。」阿謝連聲道歉，端出一碗熱騰騰的蛇羹。他剛才一直專注準備食材，完全沒有留意客人的容貌。抬頭一瞥，阿謝突然咧嘴而笑。康來也立刻換上一副得意洋洋的笑臉。

「康來！原來是你！好久不見了，你去哪了？」

「嘿嘿，謝大哥，剛才有沒有給嚇著？跟你開了一個小玩笑，不要生氣啊。」

「嚇著倒沒有，只是心裡納悶，希望不是惹上了什麼麻煩的客人，搞不好還要挨打呢。」阿謝嘻嘻地笑說著。

「謝大哥你人那麼好，怎會惹事？誰要是欺負你，大伙可都爭著替你出頭呢！不用擔心！」

「哈哈！先別說了，快點吃了暖暖身子吧！這幾天特別的冷。你看，今天街上的人也不多。不知道是不是因為太冷了，大家都不願出門。」

「對了，謝大哥，我走之前，嫂子不是又懷了孩子嗎？算來，孩子應該已經生下來了吧？」康來含著肉絲，嘰哩咕嚕地繼續說話。

「你還記得啊？哈哈，生了，生了啦！兩個月前左右。又是一個男的，他哥現在有伴了。」

「恭喜恭喜！真有福氣呢你們。孩子取名了嗎？」

「取了，取了，叫瑞麟。」

「哪個字？怎樣寫呢？」

「瑞就是祥瑞的瑞，麟是麒麟的麟。」

「好名字！那大哥你這次真的是名副其實的喜獲麟兒了！」

「哈哈，謝謝康來，謝謝你。」

「孩子將來一定出人頭地！大哥你放心好了。」

「我們這些窮人啊，哪敢想得那麼高，那麼遠？他能找個活兒，不要餓死，已經算很不錯了。」

阿謝說的是真心話。他明白處於社會底層的人，根本不能奢望生活有所保障。特別是在這個地方，窮死、餓死是等閒事。縱使今天混得過去，明天可能就得捱餓。做官的才沒有餘閒理會平民的死活。英國人管治這裡快接近一百年了。這塊殖民地被各種有形和無形的界限割裂。這些界限，一般人碰不得，也逾越不了。山上之城是白人的聖土，山下之地則是華人的鬥獸場；海港分隔了兩塊大陸：香港是殖民地的經濟及政治中心，九龍則是華人的聚居地；九龍濱海地區被切割為兩個中心：尖沙咀是華麗的旅遊圈，油麻地則是華人的商住帶；油麻地孕育了地上及地下兩個平行世界：地上是熙來攘往的平民市集，地下則是煙霧迷漫的黃賭毒迷宮。

榕樹頭是這兩個平衡時空的交匯點。天后廟前的這塊空地儼然是人民廣場，有叫賣的、講古的、賣藝的、看相的和各種湊熱鬧的。阿謝在這裡擺檔賣蛇羹一段日子了。蛇是阿謝的生財工具。除了自己擺檔外，阿謝也會把蛇轉賣給其他食店。蛇皮、蛇膽和蛇肉，全部都可以用來換取金錢。

雖然置身在底層階級的籠牢中，阿謝這身謀生工夫還算能讓一家大小過著溫飽的日子。正因為此，對於二兒子的出生，阿謝其實是喜憂交集的。喜是當然的，畢竟對中國男性而言，為家族開枝散葉既是一種責任也是一份榮耀。憂是因為阿謝的擔子一下子又加重了。多一張口意味著他需要賺取更多的金錢養妻活兒。

「大哥……」康來凝視著阿謝。他很明白阿謝的心情，更明白社會現實的嚴苛。想到自己的三個姐姐正是因為家貧，最後只能犧牲自己委身下嫁給自己所憎厭的人以減輕家庭負擔，他頓時語塞，悲從中來。

「不過，我始終相信天無絕人之路。窮人也有窮人的生存之道。康來，想多無謂，填飽肚子最實際！」阿謝像看透康來的心事般，拍了一拍他的肩頭。在社會打滾多年，阿謝深諳變法求存這道理。

「對了，康來，你到底去哪了？不辭而別，一走就是大半年。藥材舖譚伯總是問起你的事呢。」

「沒啥特別的，只是有朋友介紹了新工作。」

「那很好啊，看你精神也不錯嘛。要根煙嗎？」阿謝見康來不願說明詳情，也不欲勉強他。其實沒有人清楚康來的來路，大家都說他是跑江湖的。阿謝對此毫不在乎。對他來說，四海之內皆兄弟。

康來吸了一口煙，陷入沉思。半晌，他幽幽地說道：「謝大哥，其實我有一些擔憂。這次我出外走了一趟，聽到很多消息。我想，全面戰爭勢必爆發。儘管我希望我的想法是錯誤的。」

「你是說日本嗎？他們不是已經啃了整個東北嗎？」

「那只是他們的踏腳石而已，日本鬼子的狼子野心何其大！我想他們不拿下中國是不會甘心的！」

「這些東西我不懂，但如果戰火蔓延到南方的話，肯定很慘！不過，在這裡應該比較安全吧？怎麼說都是插著英國旗的，我猜日本也沒有這個膽量吧？」

「謝大哥，這很難說啊。希望真如你所說一樣。你還是作一點準備吧。」

「康來，說真的，如果真的打仗了，我又能逃去哪？孩子還那麼小。我也沒有什麼積蓄，賺來的錢全都用在整個家上。」

康來沉默不語，只是猛地抽吸手上的煙。「謝大哥，你就當作沒有聽過吧。我相信上天會保佑你們一家的。」說罷，康來便站起來，準備離去。

「這麼快就走了？你又要出遠門？」

「嗯，我約了人在碼頭那邊。」

「你什麼時候回來啦？」

「說不準。謝大哥你好好保重。」

「好吧，你也要保重。」

「嗯。再見！」

「再見，保重呀兄弟！啊，等一下，康來！」阿謝探下身來，不知道從哪裡揪出一個饅頭。

「天冷，怕你容易餓著。這個你就拿去吧。」

「謝謝你，謝大哥！」康來露出稚氣而真摯的笑容，一邊走一邊跟阿謝揮手。阿謝當時並沒有想到，這是他倆最後一次的相遇。

那個年代，總會有人無故消失。沒有人能確定他們是死了、還是找到一個桃花源過著神仙般的生活去了。大家只能靜靜盼望有一天，他們會像風一樣不請自來，嗖一聲，又吹到家門前。

*

康來的預言不幸成真。

1937 年，日軍進襲北平市外的盧溝橋，開始大規模侵華，中日戰爭全面爆發。7 月，平津地區淪陷；11 月，上海淪陷；12 月，南京淪陷。1938 年，10 月，武漢及廣州相繼淪陷。

自盧溝橋事變以來，中國大陸出現難民潮。逃避戰火的民眾不斷往西、往南遷逃。淪陷的城市就像被炸碎的螞蟻窩一樣，螞蟻們頓時喪失家園，只能傾巢而出，倉皇逃生。一批接一批的難民輾轉流落至香港和澳門。自廣州失守以降，這兩塊本象徵著國恥的殖民地已成為人民的最後避風港。

*

1939 年，砵蘭街。

「噠……噠……噠……」聽到有人拾級而上的聲音，瑞麟立刻興奮地叫著「爸爸！爸爸！」，衝到門前。迎面而來的卻是住在尾房的陳小姐。

「麟仔，吃過飯了沒有？」陳小姐溫柔地輕撫著瑞麟的臉頰。與平日一樣，她身著一襲旗袍，顯得婀娜多姿。

「陳小姐？今天那麼早，不用上班嗎？」瑞麟的母親從騎樓探身出來。

「謝大嫂好，謝大哥還沒回來嗎？哎，是這樣的，我今天有點事，所以請了假，早了回來。」

「最近的生意不太好，可能他想在榕樹頭那邊待久一點，看可不可以多撈幾個錢吧。」

「對了，謝大嫂，有沒有人帶信給我？我在等一封信，有點急。」陳小姐的神色變得異常凝重。

「好像沒有。但我今天下午出門了，或者問問石嬸？」謝嫂與陳小姐一起走到挨近騎樓的房間前。

「石嬸？石嬸？」謝嫂輕輕地在木門上敲了一下。這一敲彷彿點燃了火藥的引線似的，一陣震耳欲聾的嚎哭聲破門而出。

「謝大嫂嗎？怎麼了？」石嬸開門的時候顯得一臉焦躁。

「抱歉石嬸，吵醒了孩子。我想問一下有沒有寄給我的信？」陳小姐一臉抱歉地問道。

「這個我不清楚。為什麼你不去問李白？他不是整天待在房子裡嗎？」說完，石嬸就匆匆把門關上。

「石叔生病之後，石嬸一個人既要照顧三個孩子，又要想辦法弄錢回來，壓力肯定很大，自然心情不好。你不要見怪啊。」謝嫂嘗試緩解這尷尬的場面。

「不會，不會。那我要問一下李白嗎？」

「儘管試試吧。天曉得呢，可能他現在清醒得很呢。」謝嫂與陳小姐相視而笑。

「李白」其實是大家給租住閣樓床位的李先生的綽號。他沉溺於杯中物，酒不離手，總是在自己的小天地喃喃自語，又或乾脆昏睡好幾天。幸好李先生的酒品不算壞，清醒時人品也挺不錯，所以大家對他並沒有太大的意見，頂多把他當成小笑話。而他本人也好像不太介意。

「李白？李白？李白你睡了嗎？」陳小姐敲了一下天花板。

「對酒當歌……人生幾何……啊啊啊哎哎哎……明月……有光……人有情……」

「噗，果然是無望啊。」聽著李先生的傻言傻語，陳小姐也不禁笑出來。

轉瞬，陳小姐的心情卻又滑至谷底。「唉，看來還是沒有消息……」

「到底怎麼了？」謝嫂關切地問道。

「我有一個叔父在省城，他們一家準備逃難來香港。早前給我寫了信，叫我幫忙張羅一下，說會再與我聯繫。算一下日子，也該有來信了，但最近卻一直音訊全無。我聽別人說，日本仔很可怕，淪陷區生活很苦。我怕他們一家遭遇不測……」說著說著，陳小姐眼眶都濕透了。

「唉，陳小姐，不要太擔心，吉人自有天相。可能他們遇到一點困難，未能及時與你聯繫而已。」謝嫂也聽到很多關於淪陷區慘況的傳聞，她只好盡力安慰陳小姐。

「哎，陳小姐，今天不用上班嗎？」阿謝洪亮的聲音掃走了彌漫在空氣的鬱憂。

陳小姐趕緊拭去淚水，說道：「謝大哥，回來啦？麟仔一直盼著你回來。剛才我入屋的時候，還害他空歡喜一場呢。」

「爸爸！爸爸！」瑞麟跑出來，興奮地抱著阿謝的大腿。

「這小傢伙剛出生的時候，我們就盼著他早點長大。現在懂說話懂走路了，我們卻嫌他吵呢！」阿謝笑道。

「時候不早了，我先回房間。謝大哥、大嫂，晚安！」

＊

謝嫂關上木門，花盡氣力，才能使兩兄弟安靜入睡。

「陳小姐怎麼看上去沒精打采的？」阿謝問道。

「她有個叔父在廣州，本來說要逃來香港的，但最近又斷了聯絡，她很擔心。」

「唉，香港也不見得特別安全。你知道嗎，譚伯一家搬走了，說日本仔總會打來，此地不宜久留。」

「譚伯？藥材舖的譚伯？不是吧，連他也走了？」

「廣州淪陷真的令大家很震驚，日軍就在咫尺！之前很多不相信會打仗的人，現在都開始焦急起來，看有沒有可能託人幫忙，逃離香港。」

「唉，逃，逃，逃，可以逃去哪？」

「不過還是有人覺得香港很安全，畢竟是英國的殖民地。日本還是會有忌諱。」

謝氏夫婦突然沉默起來，他們時而望著兩個熟睡的孩子，時而望著外面差不多被烏雲完全覆蓋的月亮。他們想的不外乎是未知而又令人畏懼的將來。他們當然希望戰爭止於香港的邊境外，但這主觀的意願最後是否可以成真？他們最擔心的就是兩個孩子。如果真的打仗了，孩子們的命運又會怎樣呢？

「看來這幾天會下雨呢，這裡又要變魚池了。」阿謝嘗試打破悶局。他知道在這裡瞎想也無濟於事，反正他們一家根本沒有其他選擇。沒有離去的本錢，那就只能默默接受老天爺的安排。

「每次下雨，全屋都會水浸，那些租客經常向我投訴呢。業主愛理不理，我也無計可施。要不我們自己想想辦法，或者安裝一扇木窗……」

「唉，最近生意不好，想撈多一個錢都難。講來講去都是錢作怪。」阿謝此時也忍不住嘆了一口氣。

「對了，昨天，收租鄧又來了一趟，催我們交租。」

「還沒有收到租金嗎？」

「還差林大媽和方叔兩戶……」

「我也知道你左右為難，他們最近失業，也著實拿不出錢。」阿謝安慰謝嫂道。

謝嫂是別人口中的包租婆。她把這個置於唐二樓的六百多呎的單位分割成幾個房間和床位，分租出去。謝家幾口擠在騎樓，百餘呎的空間裝下了所有的家當。騎樓因為採光好，空氣流動，一般被視為一個單位裡的「頭位」。不過這也是相對之下的結論而已。謝家的這個「豪華」房間其實危機四伏，遇上壞天氣時，就會被風雨打個正著，像鳥巢一樣脆弱。謝家雖然是二房東，但並沒有覺得自己高高在上。謝嫂要抵受業主催收租金的壓力，又要硬著頭皮向各租戶追討租金，平常還得調解住戶之間的糾紛。這份差事可不輕鬆。

「我跟收租鄧再談談吧，希望他可以再寬限幾天。」謝嫂想了一會，知道怎樣都要正視問題。

「快過年了，希望他可以高抬貴手，讓大家好好過年吧。」

「我們也該買點什麼給大伯吧。」

「也叫孩子去探望他一下吧，他自己一個，怕會很寂寞。」

「希望接下來一年一切順利吧。」

「最重要是一家整齊平安。」

*

上天好像聽到謝氏夫婦的祈願似的。1939 年，1940 年，1941 年，雖然日子越來越艱難，社會氣氛越來越緊張，但大家始終能順利平安渡過春節。

然而，夢魘其實並沒有遠離。它只是耐心等待著一個最佳機會，以誇張耀目的方式登場。

德國於 1939 年 9 月入侵波蘭，英國和法國向德國宣戰。歐洲大陸的戰事全面爆發。德、日、意三國於1940年簽訂三國公約，結為同盟。

自1937年全面侵華以來，日本雖然成功占領多個重要城鎮，卻未能如願在短時間內攻陷整個中國大陸，戰情漸漸呈膠著狀態。日本國內的經濟開始支撐不住。為了打破缺口，獲得寶貴的資源，日本計劃掠奪歐洲列強在亞洲的殖民地。

初時，美國保持中立態度，後來開始對日本進行石油禁運。為了掃除美國這個障礙，日軍於1941年12月7日突襲美軍位於太平洋珍珠港的基地，造成嚴重傷亡。結果，美國向日本宣戰，揭開太平洋戰爭的序幕。其後，德國和意大利也相繼向美國宣戰。歐洲和亞洲的戰事至此正式接軌。

香港無法再獨善其身。

日軍偷襲珍珠港當天，其駐紮廣州的第23軍第38師團亦正式揮軍南下，進攻香港。

逃無可逃。

第二章 | 戰爭巨輪

「大伯……？大伯……？」瑞麟站在床邊，見伯父沒有反應，便搖一下他的胳膊，「嘩，好冷！好重！」瑞麟嚇了一跳，急嚷父親，「爸……！爸……！」

「怎麼了？大伯不舒服，你就不要大叫大嚷了。」阿謝小心翼翼，把沉甸甸的麻布袋放在地上。

「大伯沒有反應，身體好像冰一樣冷！」

「哎？」阿謝一怔，然後一個箭步衝到床前蹲下來。「哥……？哥……？」阿謝立時摸了一下哥哥的身體，頭、手和腳全是硬僵的，沒有絲毫溫度。

「該不會……」阿謝屏著呼吸，把指頭放在哥哥的鼻孔下，伸手摸他的脈搏，又把耳貼在他的左胸上。他重複這套循環好幾次，好像不敢相信自己的判斷似的。

「爸，怎麼了？」瑞麟焦急地問道。

阿謝緩緩站起來，盯著已經開始朽枯的地板。

「爸？大伯怎麼了？」面對父親的沉默，瑞麟感到非常不安。

「你大伯斷氣了。」阿謝以平坦的聲線答道，面上沒有掛著任何表情。

*

戰爭是個奇怪的東西，把房子炸碎，把家園炸毀，把活生生的人炸飛，把世界的秩序炸個稀巴爛。人們就像被捲進神秘的隧道似的，滾啊滾，攪啊攪，手和腳對倒了，荒誕取代了常理。一醒來，張開眼，彷彿置身全新的國度。米字旗不見了，取而代之的是一排排熾熱的紅太陽，它們正昂然接受風的吹捧。皇后大道和彌敦道消失了，變成明治通和香取通。拍一拍腦袋，難道記憶出錯了？看看日曆，沒有 1942 年，只有昭和 17 年。

1941 年 12 月 8 日早上，日軍越過深圳河，進襲新界。與此同時，九龍城近啟德機場一帶也遭到猛烈的空襲。香港的守軍雖奮力抵禦日軍的進攻，但在強弱懸殊的情況下經過 18 天的激戰，最終未能阻止日軍侵占香港。為避免造成更多傷亡，香港總督楊慕琦於 12 月 25 日下午宣布投降。本應是喜氣歡騰的聖誕節，結果卻淪為日占香港的黑色序幕。

日本占領香港後，馬上宣布軍票為合法貨幣，強迫人民把港元交出兌換。匯率由日本單方面決定，最初把港元兌軍票的匯率定為二兌一，後來又變為四兌一。人們畢生的積蓄就這樣被強行掠去。如果日軍發現有人私藏港元，會馬上把他抓起來痛毆一頓，甚至有可能將其當場擊斃。所以就算是百般不情願，人們也只能乖乖交出港元，免得平白送命。

在當時的環境下，就算安分守己嚴守法令，也可能隨時惹上殺身之禍。日軍以占領者的姿態登陸香港，操縱著生殺大權。走在街上，遇到日軍經過，如果沒有及時脫下帽子向他們鞠躬行禮，準會至少換來幾個大巴掌，打得耳朵嗡嗡作響。就算你什麼都沒有做，日軍也可以隨時攔下你，吩咐你做差事。如果稍微露出不情願的臉色，他們就會拿槍頭使勁刺你，迫使你屈服。他們就像手執皮鞭的馴獸師一樣，肆意鞭撻被征服者，迫使他們服從。更令人痛心疾首的是，在日軍侵略香港的初期，不少本地人居然乘亂打家劫舍，聯群結隊洗劫民居，甚至強暴婦女。他們犯下的惡行與日軍不相伯仲。

一場戰爭扭轉了很多人的命運。當時不少富裕人家成為搶掠的對象，本來是嬌生慣養的公子小姐們，因家道中落，突然淪落「凡間」，與窮人一樣穿不暖吃不飽。很多本來幸福美滿的家庭變得支離破碎，死的死、病的病、瘋的瘋。諷刺地，在戰爭面前，人人變得相對平等，只有活人和死人的分別。

在這場長達三年八個月的風暴裡，謝家大小的命運又是如何呢？

＊

因為戰事關係，阿謝無法繼續靠賣蛇維生，只能變賣家當，換取金錢養活一家。一件接一件的，曾經被雜物填滿的家，最後變得空空如也。阿謝曾目睹有暴徒趁亂衝進一戶人家，把稍為值錢的東西都掠去，而沒有用的則全都砸碎，還把男戶主打至半死。有一瞬間，阿謝很慶幸他們一家早已家徒四壁，因此可以避過一劫。

阿謝也發現附近很多房子都丟空了。

「不知道那些人家是因為逃難離開香港了，還是因為最新的歸鄉政策被迫返回大陸？說不準他們其實……」阿謝不願再繼續想。戰爭以來，每天在街上都可以看到盛載著滿滿的屍體的卡車經過，畫面觸目驚心。

「爸，阿妹又開始哭了。」瑞麟的聲音把阿謝拉回現實。

「讓我看看。」阿謝從瑞麟手中接過出生不久的小女兒。他一抱，女兒卻哭得更厲害了。

「想必是餓了。麟仔，看一下木桶裡還剩下什麼。」

瑞麟揭開蓋子，嘆了一口氣，「爸，什麼都沒有。」

「你哥去哪了？」

「去找吃的，好像說看到有人賣三角糕，很便宜。」

「三角糕……名字取得真厲害，不就是殘餘飯菜拌作一團。希望你媽待會回來可以給我們帶點什麼吧。我知道你們兄弟倆都餓得要命了。」

「爸，我們要抓老鼠和蟑螂來吃嗎？」

「什麼？」阿謝以疑惑的眼神看著瑞麟。

「華仔告訴我的。他說一開始他真的吃不下，光是見到牠們就想反胃。但他爸告訴他，就把牠們想像成是田雞就好了，還要是加了調味料煮過的那種。」

「……麟仔，我們應該還有一點鹹魚仔吧？你看一下吧，左邊那個瓶子裡。」

阿謝看著瑞麟瘦小的背影，心裡感到特別難過。自日軍占領香港以來，糖米鹽都得配給。不要說平民，就算富有的人，也難以飽腹。一開始的時候情況還好，但後來每家可以換到的糧食越來越少。瑞麟和他哥哥正值發育期，但阿謝根本無法找到足夠的糧食給他們。阿謝再看著自己懷中的小女兒，她的哭聲彷彿像在控訴著：「我要餓死了，我要餓死了！爸爸，爸爸……」

此時，謝嫂回來了，她手中提著一包東西。

「帶吃的回來了吧？孩子們都餓得要瘋了。」

「嗯，帶了。」

「怎麼了？悶悶不樂的？給欺負了？」

「給辭退了。」

「怎麼一回事？」

「說經營困難，養不下那麼多員工。」

夫婦倆相對無言。為了補幫家計，瑞麟的母親在酒樓當清潔工，每天下班後都會偷偷把客人剩下的飯菜帶回家。每天的一小包廚餘乃支撐謝家上下的生命之泉。

「我會想辦法的，不要擔心。」阿謝把手搭在妻子的肩膀上。

謝嫂握住阿謝的手，堅定地說:「起碼我們一家還是齊齊整整。」

*

在艱苦的日占時期，百姓還是竭力掙扎求存，盡量維持正常的生活。

「麻布袋帶上了嗎？」阿謝問瑞麟。

「嗯，準備好了。爸，今天我們要去哪？」

阿謝聳聳肩說，「老樣子，周圍碰碰運氣吧。」

自謝嫂失業以後，謝家的生活每況愈下。為了討生活，阿謝想到改行做收買。白天外出收買別人不要的東西，晚上則把收集到的物品放在地攤販賣。所有的東西在他眼內都有潛在的價值，衣服、破鐵、茶杯、床板等通通都可以拿來買賣。瑞麟就是他的得力助手。

「收買爛銅爛鐵舊衣服！收買爛銅爛鐵舊衣服！」每天，小小的瑞麟就背著一個大大的麻布袋，在大街上提高嗓門，努力叫喊。彷彿只要他的聲音夠響亮，人們就會像磁石一樣被吸引過來。他跟隨父親，差不多走遍整個九龍半島西部。油麻地、旺角和深水埗等地區的明街暗巷他都瞭如指掌。

阿謝總是提醒瑞麟，「在街上，見到日本軍人一定要行禮。動作誇張一點也沒有所謂。記得，不要盯著他們看，要表現有禮。不然，我們就完蛋了。」

「爸，為什麼他們那麼壞，我們還要跟他們行禮？」瑞麟天真地問。

「因為他們有槍，會殺人！總之我們要忍辱負重。留得青山在，不怕無柴燒。」

「忍辱負重……？」

「瑞麟，你要記住，以後無論遇到什麼困難，都要懂得忍耐，不可以洩氣。」當瑞麟日後在社會打拼的時候，便深切體會到阿謝這番話的涵義。

到了晚上，父子倆就會走到鴨寮街擺檔。那裡是收買者的戰場。為了賺取一點點糧錢，他們與客人唇槍舌劍。有時光榮獲勝，有時則輸得一敗塗地，無功而還。家是空的，肚子也是空的。

*

瑞麟回家後總是累得要命，恨不得馬上抱頭大睡；但同時他卻也餓得輾轉難眠。糧食配給越來越少。在這段時期，瑞麟幾乎沒有吃過飯，大部分時間只能靠啃蕃薯葉和鹹魚仔充飢。躺著時總是想著吃的，越想肚子越餓，最後就迷迷糊糊地睡著了。

「起來了，麟仔，要去收買了，快起來！」阿謝喊道。

這天，他和瑞麟如常背著麻布袋在街上叫喊販賣。下午時分，他們就去探望阿謝的哥哥。誰知道進屋後就發現他已經死去了！

瑞麟雖然還是小孩，無法完全理解死亡是怎樣一回事，但他清楚知道再也不會見到伯父了。一想到這裡，他就忍不住哭起來。因為沒有糧食，伯父虛弱得好像枯枝一樣，彷彿一碰就會爛掉似的。阿謝一家已經盡量接濟，但始終有心無力，遠水不能求近火。

「麟仔過來幫忙！我們把伯父抬下樓吧……」阿謝雖然痛失兄長，但畢竟他見慣了風浪，很快就冷靜下來應對眼前的狀況。

父親的叫喊讓瑞麟回過神來。他擦了擦眼睛和鼻子，躡手躡腳走到他的伯父旁邊，非常吃力地抱起他的腳。畢竟瑞麟只是一個 7 歲的孩子，加上肚子空空的，根本擠不出力氣。他與父親一起拖著伯父的屍體，以半跌半滾的方式走過那道拼命地發出吱吱聲的爛木梯。最後，伯父的屍體被擱在最近的一條後巷裡。他在那裡並不孤獨。附近的後巷全擠滿了屍體，他們不是病死，便是好像瑞麟的伯父一樣，被活活餓死。

瑞麟曾經聽聞，有人會特意去後巷把屍體的肉割下來，賣給肉販。看著伯父的屍體，想到那一片片開始發霉的肉，瑞麟忍不住嘔吐大作。可能是太餓太累，瑞麟感到頭暈目眩，但他的雙腿卻自覺地把主人拖離這殘酷可怕的場景。

「爸，我們也會餓死嗎？」瑞麟有氣沒力地問道。

「挺下去，我們一定要挺下去。」自身也餓得瘦骨嶙峋的阿謝嘗試安撫瑞麟。阿謝眼睜睜看著哥哥活活被餓死，因為沒錢，也只能把他的屍體丟在後巷草草處理。這一切都讓他感到痛心疾首。但他知道自己不能倒下來，他還有妻兒需要照顧。

*

隨著日軍在戰線頻頻失利，日本對占領地的統治越加蠻暴。日子一天比一天艱難，人們一個接著一個倒下。

謝家的處境也每況愈下。謝嫂覺得這樣下去也不是辦法，決定破釜沉舟，帶著長子去外面闖闖。她拉著阿謝坐下商量。

「我見日軍又貼了告示招工人，我想帶大兒子去碰碰運氣。」

「招工人？不是在這裡啊，要回去大陸，好像是在惠州那邊，不是嗎？」

「對啊，好像聽說是要修碼頭還是怎樣。但不管了，那些都不是重點啦。重點是，他們會發米糧。」

阿謝沉默不語。

「我知道你擔心，所以我和大兒子一起去，互相有照應。」

「我聽說日軍對待工人很差，我怕你吃苦。」

「我們光坐著也不是辦法。孩子都餓得有氣沒力，阿妹整天都在哭。」

「不過……」阿謝還是有點猶豫。

「你就讓我們試試吧。」

面對態度堅決的謝嫂，阿謝最終也只能無奈地接受她的決定。

接著，謝嫂便帶著瑞麟的哥哥前去應募。兩母子就這樣北上尋求工作機會，而阿謝、瑞麟和阿妹則留守香港。一家人分隔兩地。

後來，阿謝的一個朋友為他捎來一封信，說是惠州那邊寄來的。信中只有幾句話，大意就是謝嫂害了病，身體虛弱。阿謝看完信後焦急萬分，之後又托人傳話，叫謝嫂盡快回家。

*

某一天，謝嫂突然回來了。

之前一段時間阿謝一直都沒有謝嫂的消息，還以為謝嫂兩母子在路上出事了。這回謝嫂平安回來，阿謝始能放下心頭大石。

瑞麟一直很思念謝嫂，見她回來，馬上衝去抱著她。奇怪的是，謝嫂沒有太大的反應，她神情呆滯，有點魂不附體。

阿謝看看謝嫂身後，見不到任何人影，「大兒子呢？沒有跟你一起嗎？」

謝嫂緩緩把頭轉過來，看著阿謝，那個眼神無比憂傷。

「怎麼了啦？你說話啊？」阿謝被逼急了，講話的語氣也變重。

「我對不起你！」謝嫂突然就像一幢崩塌的房子一樣，跌坐在地上。

原來那邊的生活和勞工條件都很差，謝嫂很快便捱垮了身體。雖然瑞麟的哥哥硬撐著，但因為工作太苦，缺乏休息，又吃不飽，面容日漸憔悴，總是頭暈。謝嫂怕這樣下去，兩母子都要客死異鄉。謝嫂不怕死，但心疼這大男孩兒，想著：「孩子還沒有享受過什麼，就要白白送命，真是可憐，可恨！」

機緣巧合下，謝嫂得知當地的蜑家人[1]願意收養孩子，因為需要勞動力。結果，謝嫂痛下決心，見一家艇戶[2]生活尚算不錯，就把大兒子賣給了他們。雖然萬般不捨，但對謝嫂來說，這是大兒子的唯一生路。

最後，她自己一個輾轉回到香港，身心卻似早被挖空了。

「唉，窮苦人家就是這樣，日子就是苦、就是難！我們就是苦！誰叫我們窮？」阿謝一手拍著桌子，一手掩著如死灰般的臉。謝嫂則開始痛哭起來。小女兒可能是受驚，又或者是太餓了，也突然跟著大聲哭叫。

瑞麟也很想哭，很想盡情地哭，只是他好像連哭的力氣都沒有了。他很餓，也很傷心。他不明白為什麼大家要遭受種種的苦難。

*

1 蜑家人分布於廣東、廣西及福建一帶。他們以捕魚為生，長年居住在船上。在香港，蜑家人屬於原住民族群之一，又被稱為「水上人」。

2 這裡指水上人。

天無絕人之路，阿謝的信念或許是對的。

雖然日子艱苦，但人們好像開始看到曙光。坊間流傳，日軍在太平洋戰線節節敗退，香港光復有望。自 1944 年以降，盟軍空襲香港的次數越趨頻繁。人們固然全力支持反日的戰事，期待日軍戰敗投降的一刻，但因誤炸而帶來的死傷數字也越來越高。

阿謝已經從失去大兒子的悲慟中恢復過來。他和瑞麟還是如常背著麻布袋，在街上叫喊收買，維持生計。

有一次，父子倆在花園街附近叫喊收買時，突然聽到極為刺耳的嗚嗚聲，抬頭便看到一堆戰機飛過。瑞麟嚇得馬上躲到附近的樓梯底，一直等到所有的爆炸聲結束後，才敢探出頭來，呼喚蹲在對面的阿謝。後來他們聽說，盟軍誤炸紅磡的一所小學及一些民居，死了幾百人，包括很多小孩。

「總會過去的，麟仔，我們再撐多一段日子吧。日本肯定會戰敗的。」阿謝以堅定的聲音告訴瑞麟。

事件發生不到一年後，日本即宣布無條件投降。

1945 年 8 月 30 日，英國的艦隊在夏慤的率領下駛入維多利亞港。米字旗又高高升起，象徵著香港重光。民眾都非常高興，走到大街上狂歡慶祝。瑞麟和阿妹在人群中穿梭，笑得異常燦爛。

第三章｜短暫童年

有人說，那些經歷過戰爭而得以倖存的人，不會再對生命感到絕望。

香港人口在日占期間銳減接近一百萬。有的是逃亡了，有的是被日軍強行遣返中國大陸了，有的是失蹤了，有的則是不幸地成為戰爭的犧牲者。

在某個層面而言，謝家尚算是比較幸運的，起碼他們一家最後得以團圓。可能你會問，「阿謝的長子不是賣了給其他人嗎？這算什麼美滿的結局了？」阿謝的長子最後的確又回到了謝家。

戰後不久，謝嫂堅持要回去惠州尋回長子。那時候，阿謝已經覓得工作，謝家的生活亦漸漸重回正軌。阿謝怕謝嫂失望而返，不斷嘗試遊說她放棄該想法。但阿謝見力勸不果，只好由她一試。誰料到，謝嫂真的成功帶著兒子回來。

「那些水上人家居無定所，我可是撲空了好幾回呢！不過我不死心，就一直在村裡等著。終於，皇天不負有心人，我在河邊見到你哥！我叫他，他還一時間反應不過來！」謝嫂繪聲繪色地向瑞麟講述事情的經過。找到該艇戶後，謝嫂就把兒子買回來了。「真的是菩薩保佑！」

長子回來當天，雖然經濟拮据，阿謝還是特意買了一些豬肉回來。「沒有錢買大肥雞，但起碼要吃點肉。今天真的很高興！麟仔，你也喝一點酒吧！」瑞麟在微醺中享受著一家團聚的歡愉。他想起日本宣布投降時，街上擠滿人，好不熱鬧的情景。

噩夢好像終於過去。

*

日本投降後，英國重奪香港的統治權。一切看似時光倒流，回到起點。戰後的香港處於百廢待興的狀態。日占期間，以轉口貿易為骨幹的香港經濟一落千丈，很多民房遭到破壞，人民流離失所。戰後的重建工作尚算順利，香港的貿易額亦漸漸重回戰前水平。

戰後的國際政局出現重大變化。歐洲列強歷遭兩次大戰的洗禮，變得滿目瘡痍，社會經濟受到嚴重破壞。美國和蘇聯取而代之躍身為超級大國。兩國於戰時曾短暫合作，但戰後關係急趨惡化，明爭暗鬥。雙方積極拉攏招納盟友，國際關係版圖漸漸被二分為資本主義和共產主義兩個敵對陣營。

中國的情況更為動盪。早在日軍大規模侵華以前，國民黨的政權已經受到共產黨的威脅。抗日期間，國共雙方暫時放下仇怨，集中火力抵禦侵略者。日本戰敗後，國共內戰旋即全面爆發。大量逃避戰火的難民又再瘋湧至香港。

雖然國際政局風起雲湧，但對一般平民百姓而言，他們關切的是如何盡快重拾生計，恢復日常的生活。而對瑞麟而言，戰後的那幾年，或許算是他人生中最愜意、最無憂無慮的時光。

*

戰後，謝嫂繼續當二房東。因為越來越多的難民湧至香港，房屋需求大增，謝嫂很快就能把在戰爭期間被丟空的房間再次分租了出去。其中一家新搬來的是黃氏夫婦。搬來時，他們已經有一個兒子了，後來又添了一個小兒子和小女兒。他們一家跟謝家特別要好。誰能料到他們兩家的緣分將會一直維持幾十年？

其時，瑞麟亦初嘗上學的滋味。父母把他送進位於油麻地的超然學校。該學校在戰前頗有名氣。瑞麟已滿十歲，卻被編入小學一年班。不少同學都是跟他同齡，或比他年長一兩歲。日占期間，很多學校都關閉，孩子根本沒有機會唸書。況且也不是每個家庭都願意或可以負擔孩子的學費，所以高齡學童是很常見的。

瑞麟很珍惜唸書的機會。畢竟他的童年幾乎都是在戰爭的陰霾中渡過。那時候，他只能跟隨父親走到街上叫喊收買。一天結束，只感覺又累又餓。還得每天提心吊膽地過日子，不知道會否一不小心被日軍抓了，也不知道家裡是否又斷糧了。現在則可以在一個固定的地方聽老師講課，閒時與同學玩汽水蓋、對拍公仔紙，沒有憂愁和煩惱。

有時，阿謝會在瑞麟上學前帶他去上海街的得如茶樓喝早茶。該茶樓樓高數層，入坐樓層越高，要付的茶錢越貴，活像社會階級的縮影。當時結帳是以盤子數目為準。很多時候，客人會故意等伙計轉身，趁他不為意時就把盤子直接扔到窗外。客人各種裝模作樣總是使瑞麟忍俊不禁。有時候他也會模仿一下這種小把戲，一旦成功就會感到格外興奮。

瑞麟也愛跟著大人去看電影。去戲院看電影是當時最普遍的大眾娛樂活動。油麻地一帶戲院眾多。會播粵語片的廣智戲院、光明戲院、油麻地戲院等的電影票最便宜，花幾毛錢就可以看一齣戲。很多時候，小朋友會尾隨已經買票的大人進場看免費戲。因為當時有很多人看戲，差不多場場爆滿，所以小朋友很容易蒙混過關，順著人潮擠進戲院。其實電影院的工作人員也睜一隻眼，閉一隻眼，由他們進場。那時候，電影院的管制比較寬鬆。電影放映時，很多人會抽煙，也會高談闊論。幕上與幕下同樣劇力萬鈞。瑞麟當然看了不少免費戲。不過如果是看西片的話，通常守衛比較嚴格，一定得付錢才能入場。

瑞麟渡過了兩年的快樂無憂的歲月。有時候他會覺得眼前的美好時光是一場美夢，絢麗而不真實。

*

可惜天意弄人，好景不常。

阿謝後來得了病，身體越來越差，沒有氣力出外謀生。阿謝和謝嫂總是為了生活開支而爭吵不休，謝家的生活一下子又陷入危機。瑞麟把這些一切看在眼裡。

有一天，放學回家後的瑞麟發現謝嫂一直盯著他。瑞麟知道這不是什麼好兆頭，他問：「媽，怎麼了？」

謝嫂避過瑞麟的眼神，盡量平靜地吐出一句，「麟仔，我們沒有錢了。不能再供你讀書了……」

瑞麟沒有說什麼。他只是一直低下頭，盯著地板。過了良久，他壓抑著已在眼眶打轉的淚水，抬起頭以顫抖的聲音說：「知道了，我明白。那現在我先出去幫你買菜吧。」

門外，瑞麟蹲在樓梯放聲大哭。門內，瑞麟的母親擦過淚痕，繼續為小女兒縫補衣服。

其實瑞麟早已有心理準備迎接這個消息。當他看到阿謝和謝嫂爭吵的次數越來越頻繁，他已經知道自己可能不可以再唸書了。瑞麟的大哥其實早前也已經輟學，在外面工作幫補家計。讀書、接受教育在當時是一種奢侈品，瑞麟很多同學都因為家裡經濟出現困難，所以中途退學。只是當瑞麟從謝嫂口中獲知這個事實時，他才驚覺自己原來還一直抱有一絲的希望，以為可以繼續在學校待下去。

自美夢中驚醒的失落和痛苦是難以言喻的。「我很想上學……」瑞麟無法向謝嫂說出自己的願望。因為他明白窮人根本沒有選擇的權利，再說下去只會為父母增添壓力，無補於事。

瑞麟唸了兩年小學後就被迫輟學，這也成為他一生中的最大遺憾。日後他拚命賺錢，目的就是為了能讓兒女接受最好的教育，免得他們也要承受同樣的無奈。

＊

謝家的經濟情況每況愈下。謝嫂除了肩負照顧阿謝的責任，還得張羅金錢，養活一家，壓力非常沉重。謝嫂看著瑞麟每天跟著她，幫她處理家務，就更覺得有負於他，白白浪費了他的青春。

接下去好幾天，謝嫂總是早出晚歸，瑞麟也不知道她到底跑去哪了。有一天，謝嫂回家後，就拉著瑞麟認真地說，「麟仔，你去金行學打金吧。我已經幫你跟那邊講好了，就在上海街那邊。」

原來那幾天謝嫂特意拜訪不同的人，最後終於成功說服一名親戚做保證人，介紹瑞麟去金鋪當打金學徒。當時很多工作其實都講求人事，需要有熟人的推薦和擔保。尤其是金鋪，一般只會招攬老闆或員工介紹的親友。沒有任何關係的人，是很難跨進金業的大門。

「媽，怎麼那麼突然的？但我什麼都不懂啊，可以嗎？」

「他們會教你的，你不用擔心。我們沒有錢供你讀書，但起碼可以讓你去學一門手藝，將來討生活比較容易。」

「那我要去多久？」

「他們說五年就可以滿師。保證金我已經幫你付了。因為是學師，所以不會有人工。不過他們答應，五年內會供伙食。麟仔，這樣你起碼可以有飽飯食。你爸變這樣子以後，我們連吃的都買不起。你哥在外面工作很苦，我們都無法幫助他。你這樣待在家也不是法子。都是我們不好……」

「媽，不要這樣說了，你已經很辛苦了！」

「不過，麟仔你要住在鋪裡，因為他們想有人在夜晚留守。你會不會很怕？唉，還是不要去算了？」

「媽，你怎麼了，我可以的。我已經 13 歲了，這不成問題！我只是怕我沒有時間照顧你和阿妹……」

「真是傻孩子…」謝嫂一把摟住瑞麟。

「你放假的時候就可以回來探我們了。可能到時候你已經不願回家呢！那你去找一兩件衣服出來吧。反正金鋪離家很近，到時候我再拿東西給你。我已跟人家說好，明天你就會去報到。」

「知道了，我這就去。」

其實瑞麟心裡很怕。他完全不知道金鋪的情況，也不願意離開熟悉的家，寄人籬下。只是他明白，去當學徒可以減輕家裡的負擔，也是他唯一的出路，所以他沒有表達任何異議。

*

1949 年，上海街。

「國民黨這次真的完蛋了……」

「對啊，真沒想到！共產黨會打來嗎？」

「應該不會吧？畢竟這裡還是英國人的地方……」

「很難說呢，他們不是說過要收回香港嗎？」

「那是蔣介石的想法吧？但結果不又是放棄了嗎？」

「我有個堂叔一直想來香港，但還沒有等到安排，共產黨就打勝仗了！」

「他是地主嗎？」

「我最近才剛接了我的二舅公。他本來是在上海經商的，聽他說很多同行都爭相逃來香港。」

經過多年激戰，國共內戰終於結束。共產黨以勝利者的姿態，於 10 月 1 日建立中華人民共和國，國民黨則敗走臺灣。香港的街頭巷尾彌漫著緊張的氣氛，人們非常關注國內政局的最新動向。有人視香港為反攻大陸的基地，有人擔心共產黨要收回香港，有人盤算著如何發一筆難民財……。

瑞麟根本沒有在意路人熾熱的討論。對他來說，國事政治都太遙遠了，眼前的事更讓他焦慮憂心。從今天起，瑞麟就要開始學徒的生活。由砵蘭街的家步行去位於上海街的寶祥金鋪不用十分鐘，但這段路今天變得異常漫長。瑞麟有種奇怪的感覺，彷彿走完這一段路後，他就會喪失孩子的身分和家的庇蔭，往後只能靠自己的力量打拚生存。

上海街是油麻地的中心商業帶，因為鄰近避風塘，也是水上人上岸後主要的聚集地和購物點。這一帶特別繁華，藥材鋪、金行、酒樓、理髮店及麻雀館等形形式式的商鋪林立。

一路上，瑞麟經過不少金鋪。金鋪的招牌通常都很大，因此很容易辨認。

「啊！寶祥金行……」，瑞麟盯著招牌，來回看了幾次。他深深吸一口氣，挺直腰桿，走進鋪內。

坐在櫃臺後的中年男人聽到腳步聲後，把手上的報紙放下，盯著眼前的小個子。他冷冷地問，「你是來幹嘛的？」瑞麟的衣著和年紀讓他斷定眼前站著的肯定不是客人。

「老闆您好！早安！我是來當學徒的！」瑞麟非常有禮貌地向該男人鞠躬問好。謝嫂昨晚對他千叮萬囑，提醒他在店裡一定要表現得乖巧勤奮，不然就要吃很多苦頭。

「哦……老闆提及的……」那男人低頭喃喃自語。

瑞麟一直站得筆挺地等著他回應。

「你叫什麼名字？」

「老闆，我叫謝瑞麟！」

「行了，行了，不要叫我老闆。我不是老闆，老闆還沒有回來。我姓嚴，是這裡的頭櫃。老闆很信任我，這裡大小事務都由我來管。你以後就聽我的吩咐。」那男人露出沾沾自喜的神情。

「知道了，嚴叔！」

「你應該知道，在這裡做學徒，是包伙食，不包工資的。每個月你可以來我這兒拿 5 毛錢去剪頭髮。儀容是很重要的，千萬不要失禮金鋪。清楚了嗎？」

「我明白了！那麼我現在要去做什麼？」

嚴叔向大街望了一下，「那你先去那邊拿一個掃帚，在門口掃掃地吧。今天的灰塵特別厲害。」

「嚴叔，但我不是要去學打金嗎？」

「先做好基本功，其他慢慢再說。」嚴叔斜著眼看著瑞麟，開始碎碎唸：「連最基本的東西都不會做，還想學打金？真是不知天高地厚。還想一步登天，真是的。」

瑞麟見惹嚴叔不高興，心裡一慌，連忙道歉：「對不起嚴叔！真的很對不起！我這就去！」

瑞麟在門口掃地的時候，覺得很不自在，因為他覺得經過的路人都在看著他。瑞麟不明白為什麼他要在外面掃地。「我不是來學打金的嗎？」他越想就越生氣，他的掃帚和灰塵在瘋狂起舞，抬頭的時候剛好看到對面一個路人在笑。瑞麟頓時感到很羞恥。他已不管那路人是在取笑他，還是其實只是自己在傻笑，他很有衝動想要把掃帚丟在地上，然後跑回家去。不過，瑞麟到底還是抑壓著內心的不忿。「一開始應該都是這樣的吧？」瑞麟心想。

其他營業員和師傅陸續上班了。他們對瑞麟的存在大都感到有點詫異，但也沒有人主動走上前跟瑞麟說些什麼。嚴叔便向瑞麟介紹著眾人，包括兩名打金師傅。

「記清楚沒有？還不快點叫人？」

「師傅，你好！」瑞麟馬上放下手上工作，熱切地向他們逐一問好。

後來，老闆也回來了。他一看到瑞麟，就明白是怎麼一回事。

「你就是小李介紹來的學徒嗎？」

「是的！老闆！」瑞麟看到鋪裡的人，特別是嚴叔，對眼前這個男人的恭敬模樣，就猜到他就是老闆。

「嗯，你好好幹吧。掃完地之後，去抹一下飾櫃。」話畢，他就轉身走開了。由於老闆沉默寡言，喜怒不形於色，瑞麟對他感到非常懼畏。

「你看，這裡還有很多灰塵，再去掃一下！」

「掃完了？鋪裡面呢？小心不要弄到客人！」

「去抹一下飾櫃，不要碰裡面的東西，小心老子宰了你！」

「去倒痰盂吧！」

「來！來！來！快點把這些垃圾扔去街口」

瑞麟一直忙得團團轉。不單是嚴叔，鋪裡所有人都會指使瑞麟幹活。瑞麟無法反抗，因為他是整家鋪的唯一學徒，年齡和身分皆屬最低，所以只能唯命是從，整天充當別人的跑腿，一直到入夜。不要說沒有碰過黃金，瑞麟連鋪裡的布局都還沒有機會好好看清楚。

瑞麟被吩咐在金鋪關門後留守在鋪裡，在那裡睡覺。

「不要亂碰東西！小心留意周圍動靜！如果有小偷的話，要馬上大叫找人幫忙！」嚴叔在離開金鋪前，再三叮囑瑞麟。

瑞麟聽到他轉身後跟二櫃華叔小聲地說：「這小子看上去挺老實的。不過防人之心不可無，還是要看緊一點，知道嗎？」

瑞麟聽到後，心裡很不是滋味兒。等全部人走後，瑞麟拉開帆布床，一股勁兒攤上去。瑞麟累得要命，但最難受的是心理上的煎熬。瑞麟一想到接下來五年要獨自留在這個陌生的地方，每天聽候別人的吩咐差遣，就感到非常難過。

「明明說好了是來學打金的，卻根本不讓我學習……」瑞麟想著，覺得自己，甚至是母親都被騙了。他覺得很委屈，眼淚也跟著流了下來。這時候，瑞麟想起家裡面臨的困境，也想起母親早上那依依不捨的愁容。他深呼一口氣，盡量讓自己冷靜下來。瑞麟當下下定決心，無論如何都要熬過這五年，不讓家人操心。

「我已經不是孩子了……要忍辱負重……！」

第四章 | 打金學徒

1950年，韓戰全面爆發。

以美國將領為首的聯合國部隊介入戰爭，支援南韓。蘇聯則表態支持北韓。剛成立不久的中華人民共和國更派遣軍隊，進入朝鮮半島，支援北韓。中美雙方因韓戰而處於敵對的緊張狀態，共產與資本主義兩大陣營的鬥爭越演越烈，促使冷戰升級。

美國於同年年底宣布對中國實施全面禁運。翌年，聯合國通過決議，對中國施行禁運，禁止戰略性物品進口至中國。英國，包括港英政府，也加入禁運的行列。這一系列禁運措施使中港的正常貿易幾近中斷。香港的經濟以轉口貿易為重心，中國大陸是香港最重要的貿易伙伴。禁運猶如將香港封鎖，迅速癱瘓整個城市。很多商人因為沒法經營生意，只能被迫鋌而走險，走私軍火和其他商品。好幾位曾參與走私活動的商人後來都成為赫赫有名的富商。香港是個名副其實的冒險家樂園，孕育出各種各樣的傳奇故事。

禁運不僅對從事貿易的商戶造成嚴重影響，其連帶效應更是令香港經濟步入寒冰期，市面陷入一片蕭條。

*

「這場仗不知還要打多久！以為日本仔戰敗，一切就會雨過天晴。誰知道現在的日子與之前一樣艱難！」嚴叔一邊看報紙，一邊大聲議論著韓戰的最新動態。

「我說……我們……這些平民最無辜！……不是我們自己打仗，也要牽到我們頭上！」華叔說罷，猛地吐出一口濃痰。他最近咳嗽得越來越頻繁，有時候連招呼客人時都咳個不停。

「阿華，你不會是得了肺病吧？你去看一下醫生比較好。」嚴叔以嫌棄的眼神看著華叔。那時候肺病流行，傳染性很強。在醫療設施不完善的情況下，不少人被肺病奪去生命。嚴叔很害怕華叔會在鋪裡散布病菌。

華叔並不示弱，馬上回敬嚴叔，「你少詛咒人！我看你瘦得像猴子，你才有肺病吧！」嚴叔氣得脹紅了臉，他哼了一聲，接著把頭埋進報紙裡。其他的坐櫃當作沒事發生一樣，繼續專心擺弄盤上的金飾。

此時，瑞麟回到鋪裡，他剛從市場買東西回來。

「麟仔！回來得正好，幫我拿痰盂出去倒吧！」感覺被孤立的華叔一見到瑞麟，就像看到盟友一樣興奮。

瑞麟馬上放下東西，幫華叔把痰盂清理好。然後，他見華叔咳得厲害，不斷冒汗，又找來一條毛巾給他擦臉。華叔一臉愉悅，讚道：「你這小伙子真不賴。」

嚴叔見狀，心有不甘，馬上使喚瑞麟，「麟仔！快過來，快過來！我的痰盂也要倒！」

瑞麟沒有顯露絲毫不快，迅速地完成了差使。嚴叔向華叔拋去一個得意的眼神。瑞麟見風波已經平息，就走向鋪後面的工房。

「陳師傅，你要的大包我買回來了。」

「葉師傅，來，這是你喜歡的糕點。」

瑞麟殷勤地把早點遞給剛上班不久的師傅。

「謝謝，麟仔。你也吃一點吧。」

瑞麟在金鋪當學徒一年多了。他已經漸漸習慣了這裡的生活，掌握了生存之道。瑞麟明白，為了熬過五年的學徒生涯，他必須表現得勤奮乖巧，把雜役一一做好；同時也要照顧老闆、坐櫃和師傅等人的需求，以獲取他們的信任。一開始的時候，因為沒有經驗，瑞麟屢屢犯錯，不斷地被罵得狗血淋頭。為了避免被人繼續責難，瑞麟強迫自己要盡快學會不同的技能。

除了清潔打掃、當跑腿外，瑞麟每天其中一項最重要的工作就是去買菜做飯。整家鋪十個人的伙食，都是由瑞麟一手包辦的，他也為此感到挺自豪。瑞麟每日大概可以支取幾元買菜錢。當時一碗白粥大概需要 5 分，而腸粉則要 1 毛錢左右。瑞麟每次買菜時，都會精打細算，以最低的價錢，買到足夠份量的食材。於是，每天他都可以省下大約一、兩毛錢，自己儲下來。不單是買菜，剪頭髮也是這樣。因為當學徒是沒有工資的，瑞麟總是想盡辦法用其他途徑賺取金錢。瑞麟這樣做並不是為了自己。其實，他把大部分儲下來的錢都帶回家給謝嫂。他知道家裡需要這些金錢。鋪裡的員工從來沒有說過他什麼，大概他們都是睜一隻眼，閉一隻眼吧。畢竟，他們都明白世道艱難，這少年的擔子可不輕呢！

「謝謝，師傅。我不餓，你們吃吧。我還得趕在客人變多之前，把鋪面打掃好，要不然就要捱罵了。」瑞麟甫走回鋪面，就看到一名中年婦人走進來。瑞麟一看到她的衣著，就知道她是水上人了。水上人是附近一帶金鋪的重要客源。他們喜愛買黃金的其中一個原因是他們長期住在艇上，紙幣容易發霉和沾濕爛掉，而黃金在保存上則沒有這些問題。

嚴叔見到有客人，馬上扔下手中的報紙，向該婦人問好：「太太，你想買些什麼？」根據規矩，嚴叔作為頭櫃，是有權最先選擇客人。其他的坐櫃只能招呼嚴叔不要或沒空招呼的客人。

「想買幾枚戒指，今天金價多少？」那婦人沒有看嚴叔，只是低頭審視著飾櫃裡面一盤盤金光閃閃的項鍊、手鐲、耳環和戒指。

此時，又有兩名少婦走入鋪內。嚴叔快速地上下打量了她們一下，就示意作為二櫃的華叔去招呼他們。瑞麟雖然在掃地，但也非常留意鋪內的情況。他很清楚嚴叔的性情，心想：「嚴叔肯定是覺得她們不會買些什麼吧。就看他這次的判斷準不準。」

「我想來穿耳的。」其中一名少婦說道。

「沒問題。麟仔，麟仔！幫忙去拿塊薑片來！那你呢？」華叔轉向問另一位少婦。

「我想改一下這金戒指的圈圍，我變胖了⋯⋯好緊。」另一名婦人答道。

「這樣啊，讓我看一看吧。」華叔從婦人手裡接過戒指。「麟仔！順道看一下師傅有沒有空！」

瑞麟切出一塊薑片。

員工替客人穿耳時，會把一塊薑片敷在客人的耳背，就像一個托盤似的。

瑞麟把薑片遞給華叔後，就走進工房瞭解情況。

瑞麟看到陳師傅和葉師傅已經開始工作。他們一個在敲打金片，另外一個則在打磨一枚戒指。

「師傅，華叔問你們有沒有空，好像有客人要改戒指。」

「老陳，我還有活，你呢？」葉師傅一直專注於手中的戒指，並沒有抬頭看陳師傅。

「我也在忙。麟仔，你跟華叔說，要等一會，會盡快。」陳師傅同樣把全副精力放在眼前的薄薄一片金片上。

「是的，知道了！」瑞麟爽快地回應。

瑞麟看著兩名師傅專心的模樣，思緒又開始湧現。

雖然說瑞麟已經學會在這個環境下生存，但這並不代表他對目前的生活感到滿意。一年多以來，他只是不停地幹著雜役，完全沒有機會嘗試打金。

鋪內只有葉師傅和陳師傅兩名打金師傅。他們都有自己的工作檯，亦即所謂的功夫檯。這是打金作業的基本設施。可是，直到今天，瑞麟還沒有機會在功夫檯上練習匠藝。師傅們從來沒有主動教瑞麟任何東西，他們都只是專注於自己的工作。他們主要是按件支薪的。即是說，他們做的貨越多，就可以賺越多的錢。如果他們要用自己工作的時間去教瑞麟打金，那就意味著他們少了賺錢的機會。對他們來說，反正瑞麟是金鋪老闆花錢養著來幫忙打點雜務的，他們也不急著花自己的時間教他打金。

雖然他們沒有傳授任何手藝給瑞麟，但他們也不介意瑞麟在空餘的時候，坐在一旁靜靜觀摩。瑞麟也積極地把握每分每秒去偷師。他做事異常勤快，除了是因為不想挨罵外，其實也就是為了能攢多點時間出來，仔細觀察師傅的一舉一動。在無師自通的情況下，瑞麟現在已大概記下整個工序流程及各種用具，例如錘子、銼子和鉗子等的功能。

問題是，瑞麟記下的都只是畫面，可以說只是紙上談兵。打金的匠藝，一定要通過不斷及實質的歷練才能學會。可惜到現在，瑞麟還是苦無機會進行練習。一想到這裡，他又開始感到深深不忿，覺得自己的光陰都給白白浪費了。

「麟仔！你這臭小子躲去哪偷懶了？快給我滾出來！」嚴叔看不到瑞麟的身影，生氣地咆哮。

「麟仔，不要發愣了，快出去幫忙吧。」葉師傅仍然沒有抬頭，好像喃喃自語似的說道。

「順道幫我拿一點水吧。」陳師傅瞄了一瞄瑞麟，然後又繼續低頭專心工作。

瑞麟做了個深呼吸，想像著自己把悶氣像大包一樣啃光。「我這就來！」瑞麟喊著。

*

「太太，你好，想看什麼首飾？」嚴叔和華叔都忙著照顧客人，終於輪到三櫃明叔有生意了，他殷勤地招呼眼前的婦人。

「我是來找麟仔的，他是在這裡當學徒吧？」婦人神情顯得很焦急。她回過頭就看到瑞麟正從外面回來。「麟仔！」她大叫。

「黃太？你怎麼會來這裡了？」瑞麟見到婦人後，感到非常錯愕。她就是他們家的租戶之一，與他們家關係很好。

「去，去，去！你們走過一點，不要阻礙我做生意！」明叔見財化水，一股怒氣無處宣洩。

黃太拉瑞麟到一旁，接著喊道，「麟仔！我們的家要毀了！我們無家可歸了！」

瑞麟完全反應不過來，焦急地問道，「怎麼了，黃太？我不明白你在說什麼。什麼家沒有了？你說清楚一點嘛！」

原來，瑞麟他們住的唐樓因為有倒塌的危險，被政府列為危樓，政府並要住戶在一個星期內遷出。業主好像一早就知道這個消息了，但一直故意隱瞞。謝嫂不知道從何途徑得知情況後，便去跟業主交涉。

「……怎麼會突然這樣的？」瑞麟一臉茫然，一時間接受不了這個消息。

「你媽叫我過來通知你，她去了找業主。你看這幾天有沒有可能回家一趟吧。」黃太的心情反而漸漸平復了。

「那……你們打算怎樣？」瑞麟的腦袋還是一片空白。

「不知道，要找人幫忙想想辦法。那麼短的時間，真的不知道可以走去哪。你也知道，我還有三個孩子。現在的房租都很貴，很多人搶著要租房。我們一時間也不可能湊足錢，付新的租金和訂金。現在經濟那麼差……」黃太對眼下的狀況也顯得一籌莫展。

「麟仔！快點回來幹活！不是白養你的！」很明顯，明叔還是怒氣難消。

「你先回去工作吧，我也走了！」黃太聽到明叔的吼叫，馬上把瑞麟推回鋪內。而瑞麟還是處於一片混沌之中，他只是不停想著，「為什麼我們家總是遇到那麼多困難？」

當天黃昏，瑞麟終於冷靜下來，並把事情告訴嚴叔，希望可以讓他回家一趟。嚴叔叫瑞麟自己去問老闆，因為他不能作主。瑞麟又等了一會，見老闆正閒著，便硬著頭皮，顫抖抖地向老闆說明原委。老闆不發一言，只是皺著眉頭。瑞麟見狀，不敢再發一言。過了半晌，老闆開口道:「你今晚回去一趟吧，下不為例。」瑞麟聽到後，非常高興。他再三多謝老闆後，就飛奔回家。

*

雖然謝嫂上門與業主理論，但業主以搬遷令乃政府發出為由，對謝嫂的投訴充耳不聞。結果，謝家還是被迫離開家園。因為時間倉促，加上家裡大部分的錢都花在阿謝的醫藥費上，最後他們只能舉家搬到老虎岩的木屋區。

戰後湧港的移民潮在國共內戰的後期急劇增加。1950 年的春天，由中國大陸移民入境香港的人次更飆至 230 多萬的高峰。這迫使港英政府打破以往的慣例，對中國的移民開始實施入境管制。大部分移民都是為了逃避戰亂而流落至香港，其中很多人更是因為懼怕共產黨的政權而跑到香港。很多瘋湧而至的難民要麼沒法承擔租金，要麼沒有門路找房子，大多就在山邊搭建木屋。這些木屋群就像傳染病病菌一樣，短時間內迅速擴散。50 年代初，估計有 30 多萬人居住在木屋區。

木屋區的生活條件很差，可說是當時社會最底層的縮影。富有的人當然可以住在獨立的公寓，但那是非常少數的一群。一般人只能租住單位的一個房間，就像瑞麟他們一家原本一樣。更窮困的可能只能負擔一張床位的租金。最潦倒的則只能住在山邊木屋。在這個邊緣小社會，因為人口密集，設備貧瘠，生活和衛生條件都非常惡劣。治安亦欠佳，盜竊等罪行經常發生。而且木屋的結構簡陋，每逢打風、下暴雨更有倒塌的危機。這是瑞麟感到最諷刺的地方。

「我們住在這裡比在砵蘭街那邊還要危險得多！」看著搖搖欲墜的木屋，瑞麟忍不住搖頭嘆息。

「這也沒有辦法。畢竟我們之前住的是租來的地方。業主或者政府不喜歡，你看，嗖一聲，就被人收走了。」謝嫂一邊說，一邊忙著整理新的居所。就算是在家道每況愈下的情況下，謝嫂還是保持著堅定的意志，逆境求存。受到母親的感染，瑞麟也變得越來越堅強，更加積極地面對艱苦的生活。

其實住在木屋區遇到的最大危機是火災。在謝家搬到老虎岩前，附近的東頭村木屋群便發生大火，1 萬多人的家園被毀。於 1953 年的聖誕夜，位於石峽尾的大型木屋群的一個單位發生火警。後來因為強風的關係，火勢迅速蔓延。最後，2,500 多間木屋被燒毀。5 萬多人一夜間一無所有，無家可歸。這場大火引來社會的高度關注，更成為香港房屋政策史上的一個轉捩點。過去，港英政府對房屋和難民問題坐視不理。石峽尾大火後，政府在災場附近迅速興建了臨時的平房，供災民入住。後來，更全面檢討房屋政策，開始大量興建徙置大廈，務求讓木屋區的居民有安全的居所。

最早的徙置大廈呈 H 型，樓高由五層至七層不等，沒有安裝電梯。每個單位也沒有獨立的浴室、廁所和廚房，得與整層樓的住戶共用。雖然徙置大廈的設備仍然相當落後，衛生情況也不理想，但比起易毀的木屋，已經算得上是「理想」的家園。隨後，政府在港九地區擴展徙置區。瑞麟一家後來也被安置在徙置大廈，這樣起碼不用再擔心祝融的來訪。

*

轉眼間，瑞麟快要滿師了。經過五年的社會生活洗禮，瑞麟不再是懵懂小孩，他已經是一名有思想、有野心的青年，蠢蠢欲動要展開自己的人生旅程。

雖然瑞麟已經長大了，但謝嫂還是很關心兒子的前路。她趁瑞麟回家的時候，裝作不經意地問：「麟仔，你滿師之後會繼續留在金鋪吧？」

「媽，我不想留在金鋪。」瑞麟想了一想，答道。

「為什麼？那麼辛苦學了一門手藝。」謝嫂一臉錯愕。

在學師最後的一年，瑞麟終於可以當一個名副其實的打金學徒。其實他早在很久之前已經摸熟了打金的各個工序：捶敲、拉線、組裝和打磨等。師傅一開始是先讓他用銀來練習的。他們沒有說什麼，只是叫他把一塊銀捶打成某個形狀。起初，瑞麟完全掌握不到竅門，他在心中不斷咒罵：「原來那麼困難！怎麼打都不成的！果然光靠觀察是不行的。」但經過日以繼夜的反覆練習，瑞麟終於摸索到箇中的奧妙。這成功得來可不易，瑞麟的肩膀、手臂和手腕酸痛得幾乎動不了。後來師傅開始讓瑞麟幫忙處理一些工序。

現在，瑞麟已能獨立地製作一件金飾了。當然，瑞麟做的金飾是算師傅做的。換而言之，瑞麟的存在能讓師傅賺取更多的金錢，但他自己卻沒有任何得益。

瑞麟想到這一年來都是為師傅做免費的勞工，便淡然地跟謝嫂說，「沒有人跟我說滿師之後可以支多少人工。一開始的時候肯定不能支取全部的手工費。」

「那也是過渡期吧？」謝嫂實在不能理解瑞麟的想法。

「問題是，師傅他們每個月也只是賺很少。上班後，一整天都在敲啊捶啊，也只是掙得幾十塊錢。足金的手工費很低。」

「那也足夠養活你自己吧？那就可以了。」

「媽，那你們怎麼辦？這五年來，我沒有人工，只能寄一點點的錢給你們。家裡的情況我不是不知道。我滿師後如若還只是賺幾十塊，怎樣供養你們？生活的皮費越來越貴，加上哥的人工也肯定不夠。」

「你先照顧好自己吧，我也不想成為你的負累。我也是這樣跟你哥說的。」

「我不想像師傅他們一樣。照我看，打金沒有前途。」

「那你有什麼打算了？」

「外面其實有很多機會，其他工作的人工比打金高很多。媽，你看，我們沒錢，過得多辛苦。」

「所以你有什麼計畫了？」

「我想去紗廠試試。」

*

瑞麟滿師的當天，謝嫂買了禮物讓瑞麟送給老闆和師傅。瑞麟自己也特意去市場買了材料為大伙做了一頓豐盛的晚餐。

「麟仔，你真的不留下來？我們應該有足夠的貨給你做的。老陳，對吧？」

「對啊。不過麟仔既然有自己的打算，就不要勉強他了。老葉，我們那麼辛苦，也只是賺那幾十塊。因為我們只懂打金，所以才沒有辦法而已。如果年輕人有其他出路，就不要阻人發達。」

瑞麟為兩位師傅倒上酒，接著說，「這幾年我媽很辛苦，我想減輕她的負擔。唉，其實也就是一個錢字。我也不敢說什麼理想。直接說，我只是追著錢看。想賺多幾個錢。沒有錢真的很苦。」

兩位師傅也很贊同瑞麟的講法，頻頻點頭。突然嚴叔大喝一聲，眾人馬上把視線投向他身上。

「麟仔！你人真好！雖然要離開了，還惦記著我們。來，我敬你一杯！」只是兩杯下肚，嚴叔已經喝得醉醺醺。大家都在開他的玩笑。連平常不苟言笑的老闆也被逗得笑呵呵。

「麟仔，你以後如果有需要，就回來找我們。」

「在社會打滾會有很多變數。」

「嗯，謝謝師傅！很感謝師傅這幾年的關照！」

瑞麟這番話是真心的。雖然過去五年受了很多冤屈苦楚，但瑞麟都成功一一熬過去，並習得一門手藝。這幾年的磨練也令瑞麟的個性變得豁達。當下，離別在即，瑞麟心中大多是感慨和感激之情。他相信山水有相逢，不希望讓自己偏執於過去的不快。寧願忘記仇怨，廣結友緣。

瑞麟站在鋪前，凝望著這熟悉的街道，腦海浮現的卻是一幅幅願景圖。他自忖，「明天得更努力！」

第五章 紗廠苦役

瑞麟滿師後，經朋友的介紹，去了一間位於荃灣的紡紗廠當練習生。練習生的地位看似跟學徒有一點相似，然而，紗廠的練習生在接受短暫的訓練後，就可以馬上開始工作，並支取工資。勤力的工人一個月可以賺到接近 200 元的工資，比打金師傅多兩倍以上。瑞麟在過去整整五年的學師期內都沒有任何薪水，紗廠的工資回報對他來說簡直是天堂級的待遇。所以他才毅然決定半途出家，投身紡織業。

韓戰交戰雙方於 1953 年簽署停戰協定，朝鮮半島局勢轉趨穩定。即使戰爭暫時中止，美國與中國的關係仍處於膠著狀態，前者並沒有撤銷對後者所實施的禁運令。經此一役，香港的轉口港貿易更是一落千丈。然而，山重水複疑無路，柳暗花明又一村。當香港的貿易正值低迷，其製造業卻於 1950 年代開始急速發展。戰後的移民潮為香港帶來大量的勞動力、工業及管理技術與創業資本。當中，以來自上海的企業家的實力最為雄厚。他們投資設廠，聘用大量工人，是香港輕工業發展的主力軍。其中，紡織業幾近被上海幫所壟斷。當時，不少紗廠及染廠均開設於新界的葵涌一帶。

*

雖然紗廠的工資對瑞麟來說相當可觀，但工作卻非常艱辛。瑞麟在新華紗廠上班。工廠規定，工作時間為每天 12 個小時，一個星期 6 天。廠房實行兩班制，分早班和夜班，由早上 7 時至晚上 7 時，或由晚上 7 時至早上 7 時。廠長一般不會讓女工值夜班。因此男工則需輪流值班。一般而言他們需要連續兩個星期值夜班，接著換成一個星期值日班。

瑞麟開始工作的時候，正值夏天。他出門值夜班的時候，天還是亮的。12 個小時後，從廠房走出來，他發現天又已經亮了。這感覺其實很可怕，彷彿他一整天都在不停工作，沒有休止。

而事實上，他在廠房裡面除了半個小時的吃飯時間外，確實是幾乎沒有任何喘息的空間。瑞麟被安排負責處理細紗，屬於紡織工序中的較後部分。他的具體工作就是監察機器的運作。如果在紡織的過程中，看到紗斷了，就要馬上接回，不然機器就會損毀。所以瑞麟一定要緊守崗位，一刻都不能鬆懈。最令人感到難受的卻是周遭的空氣。紗廠沒有空調，裡面擺滿一部部的機器，運作時發出強烈熱氣。特別是夏天的時候，廠房又熱又悶，不要說是工作，就算光是站在那裡已經讓人頭昏腦脹了。

一開始的時候，瑞麟因為工作壓力太大，晚上睡得非常差，總是感覺被鬼壓。沒有睡幾個小時，又得早早爬起床繼續工作。周而復始，睡眠質素越來越低，人也越來越疲憊。為了賺取更多的工錢，一星期工作 6 天後，瑞麟仍然爭取在周日上班。平時的日薪是 6 塊 5 毛，周日加班的日薪則特別高，有 10 塊。如果瑞麟選擇每周加班的話，一個月確實是可以賺到 200 多塊錢。在沒有充分休息的情況下，瑞麟的體力透支已達臨界點。

*

有一天，瑞麟起床後，便覺得頭暈目眩。但當天他需要值日班，所以還是強忍著不適，匆匆出門。瑞麟完全沒有想過要向領班請假休息。當時大家都沒有請病假這個概念。少工作一天就等於少了幾塊錢的工資，這對瑞麟來說是很大的損失。

瑞麟回到廠房後，神情恍然。站在他身旁的阿強拍一拍他的肩膀，「喂，阿麟！你沒事吧，面色好像很差？」

阿強比瑞麟早一個月入職受訓，他跟瑞麟被安排在宿舍的同一個房間。紗廠規定所有員工都必須入住廠方提供的宿舍。房間裡放置了幾張雙層床，每人占一張床位。相比起在金鋪時只能睡在帆布床上，宿舍的床位對瑞麟來說已經算是很豪華。阿強和瑞麟既是工友也是室友，雖然相識的時間很短，但阿強很照顧瑞麟。

「啊，阿強，早安。沒什麼，有點頭暈而已，可能睡得不好吧。」瑞麟說。

「你這樣真的可以嗎？你看你面青口唇白的。」

「嗯，我沒事的，謝謝關心。」

「好吧，你有事就告訴我吧。我幫你看一下機器。」

「謝謝你，阿強。」

阿強和瑞麟各自回到自己的工作崗位。隨著機器開始轟轟轟地轉動，室內的溫度越來越高，瑞麟覺得頭越來越重，精神越來越難以集中。他開始感到昏昏欲睡……

「喂！阿麟！小心！」阿強的叫聲讓瑞麟回過神來。他注意到自己的手差點就伸進機器裡。

「好險！阿強，謝謝你！」瑞麟捏了一把冷汗。他已經想像到如果沒有阿強的叫喚，他這隻手肯定沒有了。

「阿麟，你這樣不行的。我們要很小心，機器不長眼睛！你幫我先看著。」阿強離開自己的崗位，走去另一邊。他很快就拿著一塊濕毛巾回來，遞給瑞麟。

「來，阿麟，擦一擦臉吧。你稍歇一會吧，我幫你看著。不過不要太久，讓領班看到的話，咱們肯定被罵死！」阿強小聲地說。

「謝謝阿強！我休息一下就好了，謝謝！」瑞麟趕緊用毛巾擦了臉，感覺的確舒爽多了。

下班後，瑞麟特意給阿強買了一瓶酒和一包煙。

「阿強，今天真的很感謝你救了我！這是我的小小心意。」瑞麟說。

「你不用那麼客氣啊！不用了！」阿強本來執意要把東西塞回給瑞麟，但盛情難卻，還是收下了。

「我們一起分享吧！」阿強不知道從哪裡找來兩個杯子。

「對了，阿麟，你為什麼來紗廠打工？之前做什麼的？」

「我之前是學徒，在金鋪學打金。」

「那不錯啊！為什麼走來這裡了？這裡辛苦得多了吧！」

「因為工錢囉！我學了五年師，都是沒有工錢的。我見師傅們一個月只賺得幾十塊，覺得沒有什麼前途。剛好跟朋友說起，他說他有門路，就介紹我來這裡了。」

瑞麟摸了摸杯子，繼續說道：「我父親病了好幾年，無法工作。我上有個大哥，下有個小妹。哥哥混得不太好，這幾年家裡基本上都是由母親支撐，所以我想要錢。唉，總之沒有錢，生活就會很慘！一言難盡！」

瑞麟把杯子裡的酒一喝而盡，企圖排解心中的鬱結。阿強沒有說什麼，徐徐搖著酒杯。

「阿強你呢？你看來年紀比我大，我應該叫你強哥！」

「大家工友，不要分得那麼清楚啦！我之前是在碼頭做搬運工，後來弄傷腰，無法再做下去。但傷了還是要吃飯對不對？後來有親戚介紹，我就入來囉！」

「那你的家人呢？」

「我小時候就給賣了。養父母對我不錯，但家裡的二叔二嬸不喜歡我，經常虐待我。怕我威脅他們的兒子。我有能力自立後，就馬上離家出走了。我現在還是會寄錢給養父母。」

「是這樣啊……你的遭遇也很慘呢……」

「慘不慘不重要啦，盡是想些不開心的事，怎會有動力生活下去呢？」阿強嘗試轉移話題。「不要說我了，你工作習慣了嗎？我看你累得那個樣子。覺得很辛苦吧？」

「說實話，真的很辛苦！我沒有想像過是這樣呢！」

「我見你星期天都上班。如果一下子不習慣的話，你應該多點休息。」

「那可不行！星期天的工資那麼多，我才不會浪費掉呢！」

「哈，兄弟，我看你呀，真的是愛錢如命。今天差點連小命都不保了，現在還嚷著要上班！」

「哎呀，不要笑我啦，阿強。不過可能你說得對，我真的很想賺多一點錢。」

「這很正常，沒錢就什麼都沒有了。在這個社會，沒錢就沒有人理你。說難聽一點，在街上餓死都不會有人理。」

「對！真的是那樣！」瑞麟激動得差點摔破酒杯。

「話雖如此，你一開始還是不要那麼拼搏。身子如果壞了，你連一個仙都賺不了。兄弟，我是過來人，你一定要相信我的話。」阿強以大哥的口吻告誡瑞麟。

「我知道了，強哥！謝謝你的指點。來，我敬你！」

這一夜，瑞麟睡得無比舒暢。

*

後來，瑞麟慢慢習慣了新的生活步伐。這並不代表工作量減輕了，只是瑞麟對地獄式的工作節奏已漸漸感到麻木。他的睡眠質素還是很差，只是他已經對此見怪不怪。不管身體怎樣累，他每天還得照樣爬起來上班。

在紗廠工作接近一年後，他比以前變得更為瘦弱。因為需要長期操控紡紗機器，紗廠工人會在不知不覺間吸入許多棉絮，對肺部造成傷害。瑞麟和阿強聽說，不少工人都得了肺病。後來，有傳聞說喝眉豆發菜湯可以預防肺病，於是他們幾乎隔天就去買一碗。實際功用不得而知，他們也只是想尋個心安理得。

日復日，夜復夜，工人汗流浹背，盯著隆隆地運轉的機器。在這段天昏地暗的日子裡，瑞麟沒有閒餘想其他的東西，他只是希望賺多一點錢。在這裡，沒有人會問別人將來的打算。每個人都在咬緊牙關，希望熬到下一個發工資的日子。

不過命運之神總是喜歡殺人一個措手不及。

有一天，廠長突然召集全體員工，告訴他們紗廠要結業了，請他們另謀高就。廠長言簡意賅，幾句話就把員工自單調機械的生活中釋放出來。面對這突如其來的消息，員工都感到很錯愕。有些人更衝上前圍著廠長要求他好好解釋，場面非常混亂。

瑞麟的第一個反應是感到慌張。他開始自忖，「這下怎麼辦？居然突然失業了！一時間要去哪裡找工作？我只是讀過兩年書，很難轉做文職。我又不強壯，粗重工作根本做不來！難道人長那麼大還要阿媽供養嗎？家裡都沒有錢！」瑞麟越想越心慌。他瞥一下眼旁的阿強，見他只是輕嘆一聲，神色並沒有太大異樣。

「阿強，你怎麼還可以那麼鎮定？」瑞麟忍不住問道。

「這些事時有發生，你會慢慢習慣的了。你是打工的，別人隨時可以不要你，就是那麼簡單。社會充滿變數，我們只能適應。」阿強聳聳肩。

「那你接下來打算怎樣？」

「得想辦法，難道要坐以待斃嗎？阿麟，不要呆站了，留在這裡跟他們廝混也改變不了事實。如果你沒有其他門路，可以找我，我試著幫你問問。」阿強撕下一張白紙，寫上自己的地址後，遞給瑞麟。

「不過，」他接著說，「我覺得你可以試試找以前的師傅打聽，或許他們可以幫到你。人脈很重要，不要忽略了。」

「謝謝你，阿強，我會去問問的了。」瑞麟聽阿強這麼一說，心情稍為放鬆下來。瑞麟覺得阿強說的很有道理，他想，「的確，光呆在這裡慌張也解決不了問題！」

瑞麟決定先回家，然後盡快拜訪金鋪的師傅。

瑞麟在紗廠的日子就這樣戛然而止。他當時經常勉勵自己，「連這樣的鬼日子我都可以捱過，以後沒有什麼我是捱不過的！」幾十年後回想，瑞麟還是覺得紗廠打工的日子是一生中最艱辛的。

*

當瑞麟為自己的生計徬徨不安的時候，香港社會也進入動盪不安的時期。

紗廠倒閉後不久，香港旋即發生一場規模巨大的騷亂。自韓戰爆發後，香港即成為冷戰鬥爭中的夾縫之地，處於共產和資本主義勢力以及中華人民共和國和臺灣的國民黨政權之間。韓戰以後，美國轉為支持國民黨政權。美國和國民黨視香港為反共基地，在香港建立緊密的情報網絡。另一邊廂，中國共產黨也積極培養在香港的左派勢力，延伸反資本主義及反帝國主義的戰線。50 年代的香港因此成為左右兩派角力的戰場。港英政府的立場則是希望在政治上維持中立，平衡各方的勢力，避免某一派系坐大，危及英國的管治。

在戰後遷徙至香港的移民潮中，有不少人是國民黨的官兵、家眷和支持者。10 月 10 日是國民黨統治下的中華民國的國慶紀念日，又名「雙十」國慶。1956 年 10 月 10 日當天，李鄭屋徙置區的民眾為了慶祝雙十國慶，就在徙置大廈外懸掛了一幅很大的，象徵中華民國的青天白日旗。基於港英政府的政治中立的立場，負責管轄該區的官員要求民眾把充滿政治色彩的標語和旗幟收回，不准懸掛在公共大廈的外牆。居民與官員及奉命而來的警察發生衝突。至黃昏的時候，騷動擴散至九龍多處地方。暴徒聚集在彌敦道一帶，焚燒汽車和雜物，又毀壞商店。在荃灣一帶，更有右派的工會成員聯結黑幫成員，成群結隊襲擊左派工會。騷亂一直無法平息，港英政府最後需要出動軍隊協助平亂，又實施戒嚴。事件釀成 60 多人死亡，1,000 多人被捕。

*

後來，市面漸漸回復正常，瑞麟也展開新的旅程。

瑞麟在紗廠倒閉後，馬上與葉師傅和陳師傅聯繫。正如之前提及，當時找工作，很多時候是需要靠親友推薦，很少僱主會願意聘請素未謀面又沒有人保薦的人。師傅們知道瑞麟的處境後，都很熱心幫助他。

他們告訴瑞麟，如果他想進金鋪打金的話，他們一定可以幫到他。問題是，因為打金可以賺的錢太少了，長遠來說實在不夠養家，瑞麟無論如何也不希望回去打金。他如實地跟師傅解釋了他的想法，師傅們都表示理解。只是一時間他們也沒有門路，所以只好叫瑞麟先回去，等有消息的時候再告訴他。

之後瑞麟也拜訪了不少朋友和長輩。瑞麟在金鋪的時候，已經喜愛交朋友。因為他個性開朗大方，不會斤斤計較，所以人緣很好。不過有時找工作也要講運氣。瑞麟等了幾天，開始心急如焚，他自忖，「這樣下去不是辦法！我是不是應該先去打金，起碼可以養活自己，之後再作打算？」

結果瑞麟又去找葉師傅和陳師傅。他正要開口，卻被他們搶先截住。

「麟仔，你來得正好！我們這幾天都在幫你想辦法。」葉師傅說。

「我跟老葉商量過，你不想打金，我們是明白的。不過你也不要浪費自己的基礎。要不你去學西金？」陳師傅說。

「西金？你的意思是叫我去學珠寶鑲嵌嗎？」瑞麟有點詫異，因為他之前完全沒有想過這個可能性。

「正是此意。」葉師傅與陳師傅默契地相視而笑。

瑞麟當時完全沒有想到，葉師傅與陳師傅的這個提議會改寫了他一生的命運。

第六章｜轉戰西金

瑞麟完全沒有猶豫，馬上便接受師傅的提議去學習珠寶鑲嵌。瑞麟並不是因為山窮水盡，所以就不假思索隨便聽從師傅的建議。其實瑞麟在當金鋪學徒的時候，就已經獲得不少行業相關的資訊和知識。他感覺做珠寶的要比做足金的前景好得多，賺的錢可以翻幾倍。

其實所謂的珠寶行業，起碼可以再細分為足金、西金和玉石三類。足金就是指以純黃金製作的金器。瑞麟之前學的就是足金。而珠寶鑲嵌一類，行內人則稱作西金。西金指的是採用混合金屬作為基調，加上鑽石、寶石和珍珠等材料鑲嵌製作而成的飾物。1950年代的時候，香港的華人大都偏愛購買足金，所以光顧金行和金鋪的主要都是華人。西金則被視為外國人的玩意，光顧珠寶店的要麼是外國人，要麼是西化的「高等」華人。所以在那段時間，珠寶首飾被視為「西金」，即西方的金器。

對瑞麟而言，不管那是「西金」還是「中金」，只要賺到的錢的就是真金。因為服務的對象不同，珠寶店給人的感覺通常是比較高級的。而西金的價位也比足金高。最重要的是，瑞麟聽說西金師傅可以收取的手工費比足金師傅高很多。所以瑞麟決定轉戰西金，希望可以為自己打開一片新天地。

*

1957 年，堪富利士道。

「阿麟，你可以幫我把這些貨送去周太太那邊嗎？」胡太太正要找瑞麟，見他從工坊出來，趕緊叫住他。

他見胡太太著急，馬上答道，「沒有問題，我這就去。哎，不過……」瑞麟上下打量自己。他身穿白色背心、短褲，手中還拿著幾件剛完成的首飾。「我最好還是換件衣服吧？」

「嗯。」胡太太也跟著瑞麟的視線看了他一圈。「畢竟周太太很講究，不要給她留下一個壞印象。那就麻煩你了。你告訴她，貨剛趕出來就馬上給她送去了。」

「好的，沒問題，我馬上去更換衣服。不過，胡太太，你先點算一下這幾件貨，師傅剛做好的。我怕弄丟了。」

「阿麟你可真細心！你說得對，來，跟我去鋪面。」

經師傅的介紹，瑞麟開始在尖沙咀一間叫萬利行的珠寶店當珠寶鑲嵌學徒。於是，瑞麟又再展開他的學徒之旅。不過，這次跟之前不一樣，瑞麟不再是那害怕未知的獨立生活的小孩。他現在已經是一個歷經磨練，有清晰目標的成年人。他旨在用最短的時間學師，待滿師後便拼命接工作賺錢。他不想再浪費時間。這次當學徒的待遇也和之前不一樣。瑞麟終於可以支工資了。雖然一個月只能拿到大約 30 塊，跟他在紗廠打工時候的水平相差甚遠，但總算是聊勝於無。況且師傅和老闆都不需要他處理太多雜役，所以他可以專心學藝。

胡太太就是這間珠寶店的老闆娘。瑞麟覺得她待人很和善，不會對員工呼呼喝喝，所以很樂意為她做事。師傅的工作室則位於店鋪後面。當時很流行前鋪後居，即前面是店鋪，後面則是居住的地方。胡太太把其中一個房間租讓給師傅作為工坊。瑞麟的師傅姓劉，他的性情跟胡太太剛好相反，說話不多，對人的態度可謂近乎冷漠。他不會罵瑞麟，但也不會與他聊天，總是與他保持一段距離。瑞麟並沒有把這事放在心上，因為他重視的是希望快點滿師，可以獨立工作。劉師傅並不算是胡太太的員工，他是按件支取手工費的；同時他也可以接其他店鋪的訂單，即是說其實他是自由身的。不過既然他是寄在萬利行名下，他當然需要優先為胡太太服務，處理她的訂單。

瑞麟換上長褲子、短襯衣後就出門了。周太太是萬利行的常客，他和師傅倆幫她做過好幾回貨了。她每次出現都穿得珠光寶氣，活像電影明星一樣。因為周太太的家就在附近，所以他不用坐巴士，直接走路去就可以。

一路上，瑞麟看到不少珠寶店。珠寶店跟金行不一樣，賣的主要是鑲有鑽石和寶石等的首飾，很少賣足金的。

瑞麟想起以前在上海街當學徒的日子。尖沙咀跟油麻地雖然是毗連的地區，但氛圍很不一樣。油麻地那邊就像喧鬧的市集一樣，人很多，市面很熱鬧。尖沙咀則像一個連接點，貫通東西兩個世界。這裡有火車總站和以半島酒店為首的飯店群，是旅客的集中地，也有不少外國人的蹤影。油麻地那邊全是金行，這裡則滿布珠寶店，彷彿是兩個平行的世界，河水不犯井水。瑞麟感覺自己像置身在夢幻的花花世界裡。

半個小時後，瑞麟根據胡太太給的地址，來到周太太的大宅門前。有個女傭人出來應門。她神情嚴肅，以帶著警戒的聲音問道，「你找誰？有何貴幹？」

瑞麟禮貌地回應，「我是萬利行派來的，給周太太送上她訂製的珠寶。」女傭盯著瑞麟，見他衣衫整齊，看來不像不正經的人。「好的，那你等一下吧。」接著，她就走入屋內。

過了半晌，女傭慢條斯理地走出來。她招手向瑞麟示意，「太太叫你進去。」

瑞麟跟隨女傭入屋。一踏進屋子裡，他便馬上被屋內富麗堂皇的裝橫吸引。但因為怕被人誤以為另有所圖，所以瑞麟不敢東張西望，只是暗暗讚歎，「有錢人真的與眾不同！真的很想知道到底他們是怎樣發財的！」

周太太正坐在客廳的藤椅上聽收音機，播出的剛好是瑞麟很喜歡的，李我的天空小說廣播劇。

「太太，這個人說他是萬利行派來的。」女傭把瑞麟引到周太太跟前，等候她的指示。

「嗯。幫我預備一下今晚的晚裝吧。」周太太向女傭說。

女傭離開後，周太太轉向問瑞麟，「你是萬利行的？我好像有點印象，你是新來的吧？給我看看你帶來的首飾。」

「是的，太太！」瑞麟馬上把首飾拿出來放在桌上，讓周太太檢查。他很緊張，生怕她會不滿意，挑出一些毛病。

「手工不錯。那我要怎樣？按老規矩簽收？」周太太擺弄了首飾一回，就把它們放下。

「嗯，請在這裡簽署，我會交回給胡老闆。」瑞麟此時才稍為放鬆下來，畢竟這是他頭一次與富人直接打交道。

瑞麟收好收條準備離開的時候，周太太給了他兩塊作為打賞。瑞麟喜出望外，連忙感謝周太太。

在回萬利行的路上，瑞麟一直笑不攏嘴，心想，「做有錢人真威風，出手可真闊綽！話說回來，那個周太太雖然年紀不小了，不過也是個美人胚子啊！」瑞麟一邊幻想著自己有朝一日變成有錢人的模樣，一邊快步走回工坊，重投嚴苛的現實中。

*

一年有半，時間轉眼就過去了。

這天，瑞麟匆匆走在路上。他好像不希望被人見到似的，把頭壓得很低很低。他朝著掛有「大押」招牌的店鋪走去。他走進大門，穿過中間的木板屏風。他把一支派克鋼筆從口袋中拿出來。他凝視著鋼筆。

「咳！」聽到櫃檯的人發出的聲音，瑞麟不再思索，把鋼筆舉起，放在櫃檯上。櫃檯設在較高的位置，使裡面的人得以高高在上，由上往下俯視他們的「貴客」。

櫃檯裡的人接過鋼筆，一看，忍不住說道，「怎麼又是你，前幾個月不是已經把筆贖回了嗎？」見瑞麟沒有反應，櫃檯的人再加一句，「你買了幾多注馬票？不要總是發橫財夢啦年輕人！腳踏實地好好做事。」

瑞麟很想馬上駁斥他，不過到底還是忍住了。他沒有搭話，接過錢後就快步離開當鋪。心裡怒罵，「還不是沒有辦法才要典當！還把我當賭徒，哼！」

在這段學師期間，雖然瑞麟每個月可以拿 30 塊的工資，但這些錢其實少得可憐，根本不敷日常的開銷。瑞麟本身已經盡量節省，不過當手頭緊的時候，也只能問朋友借錢應急，甚至是拿東西去當鋪典當。他剛拿去當的派克鋼筆，其實已經當了好幾次。只要每次有錢的時候，他就會走去贖回。

瑞麟回到工坊，跟劉師傅問好後，便坐在自己的功夫檯前埋頭工作。面對冷漠的劉師傅，瑞麟根本沒有想過要開口求他幫忙。換作以前在金鋪的時候，梁師傅和陳師傅肯定會願意出手相助，幫助瑞麟解決燃眉之急的。瑞麟只望快點熬到滿師，賺多一點工錢。

有豐富經驗的師傅可以向顧客收取足額的手工費，初出茅廬的師傅則可能只可收取6至7成的手工費。當然這些全視乎領班師傅的決定。不管怎樣，只要是師傅，起碼就可以按件收費。不用像學徒一樣，不管幫忙做了多少貨，也只能拿取30塊的微薄工資。因為瑞麟本身已經有足金的知識，學西金也比較快上手，大概兩年就可以滿師。

「再捱一段時間就可以了！」瑞麟總是這樣安慰自己。

過了不久，瑞麟就滿師了。接下來幾天，他都在等待劉師傅告訴他之後的手工費要怎樣計算。但劉師傅好像完全沒有一回事似的，照樣叫瑞麟幫忙做貨，卻絕口不提人工的事。

瑞麟與朋友商量後，心裡便有了打算。隔天，他就跟劉師傅和胡太太告別。滿師後的瑞麟就是自由身了，可以隨意決定去留。劉師傅沒有什麼反應。瑞麟也沒有與他爭吵，只是保持禮貌，向他說了幾句感謝的話。反倒是胡太太對瑞麟的離去感到頗為惋惜。

「胡太太你保重，這段日子承蒙你照顧了！」瑞麟很感激胡太太給他的機會，他還特意向友人借錢，給她買了禮物。

「阿麟，謝謝你。你真的不用那麼破費，你太客氣了。」胡太太深知瑞麟的經濟狀況，感到很不好意思。

「我們保持聯繫吧。萬利行隨時都歡迎你。」

「謝謝胡太太，我安頓好之後會再與你聯繫的了。」

*

在正式離開萬利行前，瑞麟已經通過朋友的介紹，找到新的機會。他去了同樣位於尖沙咀的泰記珠寶行工作。泰記行的規模比萬利行大很多，專門做水兵的生意。

旅客和水兵是珠寶行的主要客源。對他們而言，香港的珠寶首飾做工雖然不算特別精美，但勝在價錢異常低廉，所以很有吸引力。尤其是韓戰後，時有美國艦隊靠駐香港。那些水兵上岸後，瘋狂吃喝玩樂。他們特別喜歡光顧灣仔一帶的酒吧，徹夜狂歡，與美女共渡春宵。而在對岸的尖沙咀則成為他們搜羅紀念品的地方。瑞麟聽聞，有不少水兵在香港大批買入珠寶，然後在其他的港口轉賣，從中獲取豐富利潤。

有賴這些水兵，泰記行有很多訂單分發給瑞麟，多得他應接不暇。現在的瑞麟已經是獨當一面的師傅，專門負責珠寶加工。他是按件支薪，每做一件貨，就可以支取工錢，多勞多得。瑞麟日以繼夜地工作，一個月下來，居然賺了幾百塊工錢。支薪的那天，瑞麟非常高興。除了拿錢回家給謝嫂外，他還叫上幾個好友，在餐館大吃一頓。

「我不用再當我的派克筆了！」瑞麟興奮地跟友人說。對他而言，那幾百塊已經是很多很多的錢，他從未賺過那麼多錢。

這也證明了瑞麟果斷地選擇離開萬利行是正確的。其實當時的西金師傅根本不愁沒有工作。珠寶的零售利潤比足金高，所以珠寶行都願意付出較高的手工費聘請師傅進行加工。最重要的是，當時的珠寶首飾全需要靠師傅一件一件由人手打造而成，沒有機器輔助。因此師傅就是生產鏈上最重要的一環。尤其是工夫到家的師傅，更是珠寶行爭相搶奪的對象。

「東家不做，做西家！千萬不要給人欺負，外面的機會多的是呢！」當時的朋友紛紛游說瑞麟離開萬利行。

只要肯做肯捱，西金師傅的確可以掙到相當不錯的工資。但這背後卻是有血有淚的。為了賺取更多的金錢，瑞麟每天都馬不停蹄地工作。他真的很想自己有三頭六臂，可以在更短的時間內完成更多的貨，賺到更多的工錢。打金和珠寶鑲嵌不是容易的工作，需要百分之一百的專注力，對體力的要求也很高。每天下班時，瑞麟都感到整個上半身好像火燒一樣，累得要命。不過對瑞麟而言，在經歷了紗廠的地獄式生活後，再辛苦的工作都是可以忍受的。

那時候，瑞麟以為他的人生大概已經有了定數。雖然每天都工作得天昏地暗，但因為可以賺到不錯的工錢，瑞麟也挺滿足於在泰記行打工的。畢竟捱了這麼多年，生活總算得到改善，瑞麟也不敢想太多太遠。以前的種種經歷令他覺得當下才是最重要的。

然而不久，瑞麟刻板的生活卻因為胡太太的探訪而出現天翻地覆的改變。

*

有一天，胡太太突然出現，約瑞麟出外喝茶。瑞麟去泰記行以後，曾與胡太太聯繫，所以她知道他在那邊打工。當時的珠寶行業圈子不是很大，行家之間會互相交換情報，圈內的動態大家都頗為清楚。瑞麟早前就聽聞劉師傅離開了萬利行，另立門戶。他暗忖，「胡太太約我是否跟劉師傅的離開有關？」但瑞麟怎樣想也想不出任何聯繫。

「阿麟，有一段時間沒有見面了。你在泰記行怎樣？」

「還行還行，多謝關心。胡太太你呢？生意可好？」兩人有一年多沒有碰面，一開始的時候都顯得有點拘謹。寒暄一番後，氣氛開始變得比較融洽，胡太太也在此時開始進入正題。

「阿麟，你知道劉師傅離開了萬利行嗎？」胡太太看著瑞麟。

「我聽到傳聞，不過不知道是否真的。」瑞麟小心地回答。

「那是真的。他自己另起爐灶。不過這也是很正常的吧，人往高處走。只是，他突然那樣，讓我有點失了預算。之前也沒有跟我商量過。」胡太太盯著眼前的茶杯，平靜地說。

「對啊，那樣的確不太好。」瑞麟覺得劉師傅沒有與胡太太商量就直接離開，的確有違君子協定。不過他也不願意妄下過多的評論，他只是集中聆聽胡太太的話。胡太太說了幾句關於劉師傅的話後，就開始盯著瑞麟。

瑞麟感到很不自在，忍不住問，「胡太太，怎麼了？」

「所以，阿麟，我今天並不是純粹來找你敘舊的。」胡太太說。

「啊？那是為了什麼？」瑞麟完全摸不著頭腦。

「你有興趣回來萬利行嗎？」胡太太認真地問瑞麟。

瑞麟正要開口，胡太太便接著說，「我不是叫你來打工。我的意思是，你有興趣代替劉師傅嗎？開一個屬於你自己的工坊。」

瑞麟看著胡太太，一時間說不出話來。他沒有想過胡太太會突然提出這樣的建議。

第七章 | 開設工場

胡太太見瑞麟沉默不語，隨即補上一句，「我當然不是要你馬上答覆我。你可以回去好好考慮。」

瑞麟突然意識到自己的表現可能會令胡太太覺得他無禮，馬上回答道，「不好意思，胡太太，這太突然了，所以我有點不知所措。謝謝，謝謝！很感謝你給的機會，這實在是我的榮幸！不過事關重大，我的確要仔細想一想。」

胡太太露出笑容，微微點頭，「我當然理解。」

瑞麟想了一會，卻欲言又止。胡太太見狀，便問他，「怎麼了？你有什麼想法不妨直接提出。不要那麼見外。」

「胡太太，說實話，聽你一說，我著實很感興趣想試試。不過我的狀況你都清楚，我沒有資本，連材料都沒有錢買。說來認真慚愧……」說罷，瑞麟漲紅了臉。

胡太太說，「啊，原來是這樣。阿麟，不用擔心，這個不是大問題。我可以先借本金給你，以後從訂單裡面扣除。我想你都應該知道做法？就跟以前劉師傅一樣。」

瑞麟對胡太太的爽快感到有點受寵若驚，「胡太太，這……你對我真的是太好了！」

胡太太面帶微笑說，「阿麟，我覺得你是一個可靠的人。我信任你，更加信任我自己的眼光。如果你願意回來的話，我可以先借 3,000 塊給你，應該足夠的了。」

瑞麟與胡太太又聊了一會，胡太太便告訴瑞麟，她要回店舖去了。臨別前，胡太太囑咐瑞麟有決定後就馬上告訴她。瑞麟再三感謝胡太太的邀請，他答應會盡快給她一個答覆。

當天晚上，瑞麟在床上輾轉反側，一直思考著胡太太跟他說的一番話。他自忖，「現在泰記行給我的工資算是很不錯，起碼三餐無憂。不過這已經是上限，不管我再怎麼努力，都只能賺到這個水平的工資。但如果自己開工坊的話，卻可以翻幾翻！」

瑞麟之所以對胡太太的提議非常心動，首先是因為打工的師傅一般不能支全額的手工費。即是說，可能一件貨本來值 100 塊的工錢，但泰記行實際上只會給瑞麟 80 塊。被扣除的 20 塊錢當作是瑞麟給泰記行的租臺費和燈油錢等雜費。但如果瑞麟自己開設工坊的話，他就可以向合作的珠寶行支取全額的手工費。當然，打工和自己開工坊最大的不同就是，前者是一人勞動，所得的報酬有限；後者則可以通過聘請更多的員工，獲取更多的利潤。

開工坊的好處瑞麟已經想得很明白。「如果一個工人一個月可以幫我賺 100 塊，兩個工人就 200 塊，十個工人就……嘩！就不得了！」瑞麟想著，興奮得從床上跳起來。「不過前提是我的工坊規模得夠大。以前劉師傅那裡人太少了，如果要弄的話，我應該弄一個工場。」

瑞麟並沒有喪失理智，他開始盤算接這盤生意可能遇到的問題。對瑞麟來說，最大的問題肯定是資本。他之前沒有想過自己另起爐灶，就是因為他一直以來都很窮，根本沒有積蓄作為資本。做珠寶加工，客戶有時會提供珠寶等材料，但很多時候師傅可能要先墊付原料，把貨做出來以後才一次過結算。如果要開工場的話，瑞麟就要為員工預備材料。不過這個問題已經暫時可以解決，因為胡太太答應借錢給他。此外，地方也已經定下來了。「萬利行那邊的空間蠻小，不過作為起步的話，應該勉強可以應付。」瑞麟嘗試回想之前當學徒的情境。剩下來還有人手和接訂單的問題。瑞麟又仔細想了一會，心裡便有了決定。

*

翌日，瑞麟去找胡太太，告訴她他已經下定決心開一個工坊，掛在萬利行名下。胡太太很高興，馬上叫瑞麟去工坊看一下，說那裡任憑他處置。瑞麟走進工坊，環顧四周，感覺那裡沒有什麼改變。雖然名義上說是工坊，但其實也只不過是一個 100 呎不到的房間。

胡太太果然遵守承諾，馬上借了 3,000 塊錢給瑞麟。瑞麟花了其中一半去買了 5 兩黃金作為原料；另外的一半則用來買工具，並在房間裡布置了五張功夫臺。

「好！武器準備好了，接下來就得招兵買馬。」瑞麟自忖。

關於人手的問題，瑞麟已經反覆想了好幾遍。要賺更多的錢，就需要更多的人手。但如果需要更多的人手，就得確保有足夠的訂單才能養活工人。同時，工場規模要夠大，有足夠人手，才能吸引客戶下訂單。這連鎖關係瑞麟是非常明白的。不過他認為就目前來說，根本也不用想那麼多。他的工場才剛剛起步，而且寄於萬利行名下，主要就是得為胡太太工作。現在他得先滿足了胡太太的需要，等以後有機會擴充的時候再作打算。

不過人手一定是需要的。既然工坊可以放下五張功夫臺，瑞麟就不想浪費這些生產力。不過那也是長遠的事。對瑞麟來說，當務之急是要先找一個人回來幫忙。他自己一個肯定不可能做完全部的貨。問題是，瑞麟也沒有錢可以聘請師傅，那該怎麼辦呢？

*

「黃太太？」瑞麟輕輕拍打大門。

「誰啊？」有一把婦人的聲音自單位裡面傳出。

「我啊，麟仔。」瑞麟喊著。他聽到婦人的腳步聲越來越近。

「啊！麟仔！快進門！」黃太開了門，熱情地招呼瑞麟進去。

這個黃太太就是當年瑞麟還在金鋪學師時，跑來告訴他，他們家要被逼遷的那位租戶。黃太太之後一直與謝嫂保持著緊密的聯繫。早陣子，黃太太託謝嫂幫忙，看瑞麟有沒有門路安排她的二兒子做學徒。

「黃太太，不用客氣，不用客氣。」瑞麟坐在黃太太的對面，她為他端來一杯茶。

「我媽告訴我說，你想替輝仔找學師的地方，對嗎？」

「是的。他現在還在上學，四年級。不過我們想他可以快點出身，幫補家計。我們家的情況你應該很清楚。」

「你想他學打金嗎？」

「其實都沒有所謂，總之有一門手藝就好了。我聽你媽說，你現在混得不錯，有幾百塊人工。真有本事！」

「黃太太，我有一個想法。我現在打算出來開自己的工場，如果你不嫌棄，讓輝仔來跟我學師怎麼樣？」

「那你不就是當老闆了？恭喜，恭喜！以後要叫你謝老闆了！」黃太太聽到瑞麟的話，不禁喜上眉梢。

「哎呀，黃太太！你就不要取笑我了！」瑞麟覺得很尷尬。

「麟仔，你的想法很好！有你照顧他，我放心多了！做生不如做熟，如果可以跟你學師的話，那當然最好了！」

黃太太又與瑞麟寒暄了一會。此時，黃太太的二兒子剛好放學回到家。

「媽！我回來了！」黃輝進門後，才看到瑞麟。

「這不是麟哥嗎？麟哥你怎麼會在這？」黃輝很吃驚，畢竟有一段時間沒有見過瑞麟了。

「是我找他來的。輝仔，明天開始，你就不要上學了。去跟麟哥學師吧。」黃太太一錘定音。

「什麼？」黃輝完全摸不著頭腦。「怎麼一回家就見到麟哥？怎麼又一下子說我明天要去學師？」

「我待會再跟你說。」黃太太的凌厲眼神讓黃輝不敢再多言。

「那麟仔，輝仔就拜託你了！明天我會送他過去你的工場。」黃太太向瑞麟笑盈盈地說。

「好的，拜託你了。輝仔，明天見咯！」瑞麟知道他是時候離開了，便站起來走向門口。

「跟麟哥說再見！」黃太太揪著黃輝走到瑞麟的身旁。

「麟哥再見……」黃輝用委屈的眼神看向瑞麟。

「輝仔，不用擔心，我會好好照顧你的。」瑞麟此話是真心的。他們兩家關係親密。黃輝小的時候，瑞麟也有抱過他，與他玩耍呢。這些情誼瑞麟是不會忘記的。

黃太太關上門後，瑞麟隱約聽到黃輝哭泣的聲音。這讓瑞麟想起當年母親告訴自己不能再上學的情境。瑞麟搖搖頭，緩緩離開大廈。

*

1961 年，堪富利士道。

瑞麟的小工場已經運作了一段時間。最初工場只有瑞麟和黃輝兩師徒日以繼夜地趕工。

當日黃輝報到的時候，結結巴巴地向瑞麟問好，「早安，麟哥！不……師傅！」

瑞麟說，「輝仔，不用那麼拘謹！你叫我什麼都無所謂，那個並不重要。我做人很講求實際。你幫我做到貨，我也不會虧待你。我也想你可以快點獨立，賺得一點錢，對不對？」

瑞麟接著便跟黃輝講述起他以前當打金學徒的經歷。瑞麟不想黃輝像他一樣浪費時間。對瑞麟來說，他急需的是可以幫得上忙的人手，而不是一個免費的跑腿。

「所以輝仔，我不想你做雜務。你馬上開始學打金吧。我們都不想浪費時間，對不對？」瑞麟強調。

瑞麟跟黃輝說好，他的學師期是五年。他也會按常規，包辦黃輝的伙食。瑞麟想起當年自己學師時完全沒有工資，只能靠打斧頭存下一些零錢的慘況，因此決定額外給黃輝一點工資。半個月支薪一次，按當時的生意而定，給他 5 至 10 塊錢左右，算是一點零用。

等接了更多的訂單後，瑞麟又陸續招來三個學徒。五張功夫臺都已經被填滿了。與黃輝一樣，這些學徒一拜師後就要開始學習打金。工場那邊從早到晚都會傳出咚咚咚的敲打聲。瑞麟會親自教導學徒打金，也會監督他們練習，務求讓他們快點掌握工藝。

瑞麟一心想到的就是要爭取時間，盡量增加人手和加快工作的效率。對他而言，以前那一套學師制度根本就是浪費人力物力。他手頭擁有的資源非常緊絀。為了生存，他必須改變舊有的一套，通過加強對學徒的培訓，以增加工場的生產力。

即使後來工場規模變大了，瑞麟仍然積極招募和訓練學徒。他沒有意料到的是，他的工場日後會成為行內的木人巷。他自己共收了超過 200 名學徒，儼如珠寶界的校長。

剛開始的時候，瑞麟的工場主要只為胡太太服務，替她做珠寶加工。瑞麟和他的學徒幾乎沒有休息，每天早上 9 時左右開工，然後就一直工作至深夜。瑞麟自己則永遠是最拼命的一個。他雖然算是老闆了，但與其他學徒完全沒有分別，同樣整天埋頭在功夫臺打金。一天的工作完成後，瑞麟還會請他的學徒去附近吃宵夜。日子雖然艱苦，但瑞麟不是孤獨奮戰的，他很慶幸能有一班願意跟他一起捱苦的夥計。

後來萬利行的訂單變少了，根本不夠養活這幾個人。瑞麟意識到了這個問題，但卻不知道該怎樣跟胡太太開口，同時也沒有人脈找新的訂單。那時候快過年，瑞麟更加擔憂，不知道工場可不可以捱過年。誰知道幾天後，胡太太居然主動找他商量。

「阿麟，最近生意不太好。我知道近來我們的訂單不多，不夠貨給你們做。」胡太太輕嘆道。

「胡太太我明白的，沒事沒事。我再想想辦法。」

「快過年了。我知道大家都想賺多一點錢過年。我知道如果只讓你接我們的單是難為你了。你去接其他的單吧。你也有給我租金，沒有道理不給你接其他單的。」

「謝謝你，胡太太！我不夠吃沒有所謂，只是怕養活不了那班夥計。他們社會經驗淺，都得依仗我這個師傅。」瑞麟很感激胡太太的體諒。

「不過你貿然去找訂單，別人不認識你，可能也不會理你。我幫你跟泰記行那邊說一下吧。我跟老闆的交情不錯的。」

「那麼就拜託你了！真的很感謝你，胡太太！」瑞麟曾經聽聞胡太太其實是泰記行出身的，不過他從來沒有直接問過她。

胡太太一諾千金，果真替瑞麟打通門路，說服泰記行分一點訂單給瑞麟。當時對瑞麟來說，接到泰記行的訂單已經等於接到大生意。那一年春節，學徒們都從瑞麟手中收到豐厚的紅包，皆大歡喜。不過瑞麟沒有因此而自滿，他知道這次全賴胡太太的相助才可以渡過難關。他明白往後必須更加積極與珠寶行建立關係，爭取更多訂單，才能保住工場。

*

1960 年代，香港的製造業發展急速。因為中國大陸處於對外封閉的狀態，香港便成為世界與中國連接的一扇窗戶。在這特殊的地緣背景下，加上因移民潮而帶來的源源不絕的勞動力，以及港英政府提倡的自由放任政策，香港漸漸融入世界經濟體系，成為重要的代工生產基地。許多西方廠商和公司看中香港低廉的勞動力，紛紛與香港的工廠合作，希望能以最低的成本生產最多的商品，再運回西方以高價販賣。

香港的製造業便是由此代工模式帶動。當中，製衣業及塑膠業的發展尤為顯著，山寨廠如雨後春筍般繁生。所謂山寨廠就是一些規模較小的工廠或工場，小則幾個人，大則數十人不等。它們不算是正式的公司，沒有註冊，也沒有正式的辦公室，工場大多設在樓宇的單位內。山寨廠有時候也會把簡單的工序外判給其他較小的工場甚至個人單位。為了幫補家計，很多人會去山寨廠取貨，然後動員一家大小在家裡集體幹活，可謂全民皆兵。

瑞麟的工場正正就是這樣的山寨廠。

*

接到泰記行的訂單後，瑞麟又開始找到其他的訂單。不過他沒有忘記胡太太的恩情，所以不管工場再怎樣忙，他還是會吩咐徒弟優先處理萬利行的訂單。

瑞麟見工場開始有了規模，便請了第一個師傅回來。其實他是瑞麟以前的師弟，瑞麟一直與他保持著聯繫。見他滿師後，便馬上邀請他加盟坐鎮。不過房間本來就擠得滿滿的，現在真的連移動的空間都幾乎沒有了。瑞麟覺得工場有必要擴張，不能再只是擠在這樣的一個小空間。

瑞麟不想離開尖沙咀區，因為珠寶行都在附近。經過一輪視察後，瑞麟終於找到開闢新工場的地方。那是位於加拿芬道一幢唐樓裡面的一個單位。附近好幾個單位都是山寨廠，所以也不用擔心有人投訴。由於瑞麟自己一個無法負擔單位的全部租金，所以他找來一個朋友與他合租。他的朋友也開設了一間塑膠花工場。於是他們合租了一個 600 呎的單位，將其平均分開兩邊，各自使用。

雖然有了新的地方，但萬利行那邊的工場仍然保持運作，所以瑞麟每天都要往返兩個工場視察。兩個工場加起來有 20 多人。工場規模增加了，意味著瑞麟需要養活更多的夥計。在行內，瑞麟還只是一個寂寂無名的新丁，每天都得擔憂沒有足夠的訂單。但如果不擴張，生意又難以更上一層樓。其實每一天他都過得膽戰心驚。

幸運的是瑞麟不久後就遇到他生命中的另一位恩人，為他的事業護航。

第八章｜默默耕耘

瑞麟的工場業務就像一棵急不可待，希望能茁莊成長的幼苗一樣，既充滿生命力，同時又脆弱無比。如果缺乏悉心栽培，很容易就會被狂風摧毀，就像身旁曾經的、無數的夥伴一樣。

*

其實瑞麟不愁沒有生意。那時候，具規模的珠寶工場不多，而市場對珠寶加工的需求很大，想要拿到一些訂單並不是什麼大問題。問題是賺得太少，皮費太高。加工場在整個珠寶生產鏈當中處於幾乎是最下游的位置。一件價值 1 萬塊的高級珠寶，人工費可能只需要 500 塊。扣除給師傅的工資，做這樣的一件貨，瑞麟實質只賺到 100 塊。除非瑞麟有數以百計的員工，連帶有源源不絕的訂單，不然他的收入其實是非常有限的，所以經常出現左支右絀的情況。瑞麟這邊剛有收入，轉眼又要給那邊結帳。有時候，支付完人工及材料費後，瑞麟自己連坐巴士的錢都沒有。

有一次，瑞麟要趕在中午 12 時前去尖沙咀的鹽業銀行入帳，因為他開給供應商的一張支票當天到期。問題是瑞麟當時手頭上沒有錢，他得先在早上找一名客戶收回加工費，才可以有錢入帳。

他的客戶是一間叫新宇宙的珠寶行，店鋪位於中環希爾頓酒店。當時要從九龍半島去香港島的話，就必須橫渡維多利亞港，而渡輪就是唯一的交通工具。當天一早，瑞麟就從工場出發，步行前往尖沙咀碼頭。

渡輪抵達中環碼頭後，瑞麟馬上急步走去希爾頓酒店。這間五星級酒店落成不久後，旋即成為中環的地標之一，也是奢華的象徵。瑞麟到達珠寶店的時候剛好 10 時正。他知道該店 10 時開門，所以算好時間來到。但店內原來有客人，負責人正在招呼她。

「真倒楣！」瑞麟心想。瑞麟擔心如果這個時候走進去，妨礙了負責人做生意，可能會令其對他印象大減，而不再給他訂單。

「沒有辦法……」瑞麟只能不停在店外徘徊。從希爾頓酒店去中環碼頭，等船，上船，下船，再由尖沙咀碼頭去鹽業銀行得花上好一段時間。他一早到來就是希望能夠馬上取錢然後趕回去，誰知道天算不如人算。

瑞麟心急如焚，等了一刻又一刻。客人終於走了！瑞麟一看到客人離開，馬上箭步衝入店內，告訴負責人來意。

「行，行，行，當然沒有問題，我馬上結帳。我說你剛才就應該直接進來。幹嘛在外面呆等？不用那麼客氣！」負責人一邊說，一邊查看瑞麟的單據。

瑞麟拿到錢，感謝了負責人一番後便馬上跑往碼頭。下船以後，瑞麟瞄了一下手錶，大叫，「歹勢！沒時間啦！」

瑞麟在彌敦道上拔足狂奔。好像參加賽跑的健兒一樣，過了這段大直路，他還要拐一個彎進入加連威老道……終於，終點在望！當瑞麟到達鹽業銀行時，已經上氣不接下氣。他一邊排隊，一邊猛烈地喘著氣，心臟好像快要爆炸一樣。「要是趕不上怎麼辦……」瑞麟一直很緊張，不斷張望人龍的前方。

最後瑞麟成功入帳，總算解除了危機。正當瑞麟感到可以鬆一口氣的時候，突然感到地轉天旋，雙腳發軟，整個人好像要癱瘓一樣。沒有辦法，他只好順勢跌坐在地上休息。有一瞬間，他覺得自己的生命力要全被榨乾。稍為休息一會後，瑞麟總算感到清醒一點。他緩緩站起來，拖著這勞累不堪的身軀回到工場繼續工作。

＊

「我還以為要被送進去鬼門關了！」瑞麟繪聲繪影地重述了當時的驚險狀況。

「好像很危險呢！」雖然已經事過境遷，但姚太太還是露出擔憂的神色。

「沒有辦法啊！那次真的很趕。如果退票了，別人會覺得我沒有信用，下次就不用合作了。」

「的確，做生意是講個信字。」

「對夥計也是。如果拖糧了，他們也會覺得這個老闆信不過。沒有人會願意替你做事。」

「阿麟，如果你不夠錢就跟我說。你也要好好照顧自己，如果你倒下來了，夥計該怎麼辦？」

「姚太，謝謝你，我會的。但其實你已經幫了我很多，我真的不知道該怎樣報答你。」

姚太太是中國珠寶公司的老闆娘，也是瑞麟的客戶之一。人與人之間的緣分很奇妙。姚太太與瑞麟不是認識很久，但她直覺瑞麟是一個正直的年輕人，所以特別關照他。除了給瑞麟訂單外，姚太太也非常樂意借錢給瑞麟周轉。當然，瑞麟必定有借有還。雖然熟稔，但瑞麟每次必會寫下欠條，讓姚太保管。而每次交貨的時候，姚太都會送一些水果和點心給瑞麟，有時更會請他去外面喝茶。

瑞麟是把工場搬到加拿芬道後才認識姚太的。姚太的珠寶行規模不是很大，但生意卻相當不錯。可能因為姚太太性格好動外向，很多水兵特別喜歡光顧她的店。有一天，瑞麟摸上門，請姚太太看工場的樣辦貨。

為了招攬更多生意，瑞麟花了不少時間思索該如何與珠寶行建立關係。後來他突然靈機一動，想到可以叫一些「行街」幫忙。當時珠寶批發商流行派遣銷售員去珠寶店兜售鑽石。因為銷售員需要提著皮箱，挨門逐戶兜售貨品，所以行內人一般稱他們為行街。瑞麟與幾個相熟的行街喝茶的時候，問他們是否可以幫個忙。他們都很好奇瑞麟在打什麼奇怪的主意。瑞麟告訴他們，他想跟隨他們去賣貨，見珠寶店的負責人。

「這不會很奇怪嗎？」其中一個行街問。

「你就跟他們說我是做珠寶鑲嵌的，帶來一些樣辦，也想請老闆看看。」瑞麟答道。

於是，瑞麟就開始跟著那些行街拜訪不同的珠寶店。他會挑選幾款不同的珠寶，向老闆報價。行街是中間人，靠佣金維生，所以做生意時也不介意帶上瑞麟。如果珠寶行願意向瑞麟下新訂單，瑞麟也會給他們一點好處。互惠互利，何樂而不為？

當天，瑞麟正是跟著行街走進姚太太的店。她的店位於彌敦道美麗華大廈的樓梯底，門面不是特別起眼。之前瑞麟去了幾家店，全都空手而回，碰了一鼻子灰。不過他並沒有洩氣，繼續熱心地向姚太太展示樣辦。姚太太看著瑞麟，心裡有點猶豫，「這小子很年輕，都不知道什麼來路。會不會不可靠？」不過她見瑞麟說話真誠，為人踏實，打算姑且讓他一試。

「我剛好有一張訂單，可以讓你試試。不過我的訂單通常都很急，總不能叫那些水兵和遊客等吧。」姚太太跟瑞麟說。

「嗯，我明白的，我自己以前也做過很多水兵貨。我們一定會準時交貨的。」瑞麟以堅定的口吻回答。

「但你要明天早上6時之前把貨送給我。你做得到嗎？」其實姚太太的訂單根本沒有那麼急，她只是想試一下瑞麟的功夫。如果他到時候交不了貨，姚太太也可以馬上找其他人補上，避免損失。不過假如真的是這樣，姚太太肯定會告訴其他行家，不要找瑞麟加工的。

「可以的！我保證沒問題！」瑞麟爽快地答應下來。

*

訂單落實後，瑞麟馬上飛奔回工場，和員工們通宵達旦趕工，一直到翌日早上。瑞麟沒有睡覺，等到5時多，他便提著貨出門找姚太太。她住在山林道，與瑞麟的工場相距約一公里。瑞麟一直沿著加拿芬道走。因為怕耽誤了時間，他走得很快，簡直就跟跑幾乎沒有區別。因為工作關係，瑞麟已經習慣如疾風般走路。即使不是趕時間，瑞麟也是步履如飛。結果，瑞麟準時把貨交給了姚太太。

她見瑞麟滿頭大汗，忍不住問，「你是跑過來的嗎？」

「也不是，也不是。只是一心想快點交貨，走快了一點而已。」瑞麟感到不好意思，連忙用手巾擦一擦額頭的汗。

瑞麟成功通過測試，姚太太亦因而對他的印象非常好，覺得他是一個可靠的人。此後，姚太太經常找瑞麟幫忙加工，又介紹其他行家給他認識，對他百般照顧。有時候，瑞麟覺得她待自己就如兒子一樣。

*

「阿麟，你別跟我那麼客氣了。我其實也沒有做什麼，只是在你需要的時候扶你一把而已。」姚太太說。

「有時候我會想，我能捱到今天真的是多虧有朋友和恩人的支持。你也知道，我十多歲的時候已經要在外面闖蕩。沒有辦法，一個窮字。現在雖然有自己的工場，但每天都要愁沒錢出糧買料。唉！都不知道什麼時候才能出人頭地！」

瑞麟雖然已經當老闆了，但其實他也不過是個二十多歲的年青人，心裡頭有很多委屈無從發洩。那些與他不熟稔的親友，以為他開了工場，是一朝富貴。其實他們根本不明白，他終日為錢徬徨。有好幾次他實在被逼得走投無路，還得去借高利貸。錢借錢還錢入錢出，瑞麟一直被這循環壓得透不過氣來。

「對不起姚太太，我說太多了。」瑞麟意識到姚太太終歸是他的客戶，在她面前說這樣的話可能算是失言了。

「不會，不會。我就是喜歡你為人坦率。你還記得之前跟我講過的一個笑話嗎？」姚太太嘗試打破尷尬的氣氛。

「哪個呢？」瑞麟收起愁容，換上好奇的表情。

「你說有一次你去交貨的時候，老闆以為你是謝瑞麟的兒子嘛！」姚太太嘻嘻地笑著。

「哈哈，對，我記起來了。老闆不相信原來我是這麼年輕嘛。我都沒有想過工場的名字，他們問我是哪個場派來的，我就答是謝瑞麟的囉。」

「所以我說，你不要看輕自己。你年紀輕輕已經可以建立自己的工場，算是很了不起的了。我會支持你的，不要擔心。不過你也要再加把勁，不可以鬆懈。」

「姚太太，很感謝你對我的提攜！」聽到姚太太一番勉勵的話，瑞麟覺得很是感動。瑞麟非常明白，無論一個人有多大的本事，如果只靠自己的力量，是很難可以成就大事的。他很感激每一個人曾對他施以援手的貴人。

其實除了姚太太外，瑞麟憑著進取和真誠的性格，也贏得了另外幾個客戶的信任和歡心。他們對瑞麟照顧有加，在生意上給他很多幫忙和方便。很多時候，他們都願意先付錢讓瑞麟買原料，這大大減輕了瑞麟的負擔。

瑞麟一方面努力爭取訂單，另一方面則積極招兵買馬。瑞麟明白人才是致勝的關鍵，多一個工人，工場可以賺的錢就更多。同樣地，工場規模越大，人才越多，就越容易獲得更多的訂單，利潤當然也就越高。不管怎樣忙碌，瑞麟還是會特意花時間去巡察不同的珠寶店。他會仔細留意店鋪陳設的飾品，如果發現手工特別精美的首飾，就會打聽是哪間工場的出品。

瑞麟特別偏好環球行和亞洲行製造的首飾。它們手工精緻，很有立體感，放在飾櫃裡顯得格外高貴。這兩間工場的老闆都是來自上海。西金在戰前的上海和廣州已經很流行了。戰後在香港出現的金行和珠寶行，有不少其實都是源自上海和廣州的。這些珠寶世家南遷後，便引領著香港本地的珠寶首飾文化。這兩間工場在行內都很有名氣，他們的師傅都以手藝超卓見稱。瑞麟求才若渴，總是希望可以招攬到那些師傅回來助陣。他知道這些師傅具有號召力，如果招到他們的話，肯定可以大大加強自己工場的公信力。

最初，瑞麟知道自己工場的規模有限，一時間難以吸引到頂級的師傅轉投旗下。所以他就使用折衷的方法，專門招攬對手的新晉師傅。瑞麟密切注視對手的動向，當知道他們有學徒滿師的時候，就會馬上游說他們加盟。瑞麟通過這種方法，廣納人才，增強自己團隊的實力。當新的客戶知道他請了環球行和亞洲行的員工後，大都願意向他下訂單。結果，一傳十，十傳百，越來越多人知悉瑞麟的工場的存在，找他幫忙加工。

瑞麟到底用了什麼法寶說服那些師傅加盟？

一般來說，師傅是按件或者按月支薪。瑞麟的工場很特別，工資採用雙軌制。在日間是按月支薪，然而在晚上加班的時間，則是按件支薪。很多師傅都是給晚上的件工吸引而來。日間的時候，瑞麟交給他們的都是很困難的貨，需時比較長。但因為是按月支薪，所以他們都不介意花時間去用心製作。到了加班時間，師傅們的效率都很高，完成了一件又一件的貨。因為是按件支薪的，所以他們很重視貨品完成的數量。他們見加班的時候賺了很多錢，所以感到很滿足。

這並不是偶然的結果，背後其實是瑞麟花了不少心思做出的安排。瑞麟自己是打金師傅出身，因此很明白他們的心態。他們想的就是可以長做長有，努力一點可以換來多一點的回報。瑞麟故意讓他們在白天處理複雜的貨，晚上則做一些簡單的貨。如此一來，他們自然會感覺很划算，也覺得自己的努力沒有白費，多勞多得。

對瑞麟而言，這樣的安排就可以幫他留住師傅。西金師傅不愁沒工作。他們可以隨時收拾東西，轉去其他的場，又或者自己另起爐灶。但如果瑞麟能讓他們覺得，在他的工場可以不停有貨做，也可以一直賺到錢，那麼他們自然就比較願意留下來為瑞麟工作。瑞麟之所以要不停找訂單，就是希望留住夥計。當他們感到空閒或者是沒貨做時，自然就會產生離心。

瑞麟很清楚，作為工場老闆，夥計就是他最重要的資產。他也有身為老闆的自覺，知道自己最主要的任務就是協助夥計賺錢，那樣他們才會反過來為你賣命。

＊

瑞麟這種態度讓很多師傅折服，當中包括林師傅。

瑞麟聽聞林師傅工藝卓越，而且效率奇高，一心希望將他收歸旗下。林師傅本來就跟原來工場的領班不咬弦，正打算另謀高就。但他嫌瑞麟的工場規模小，所以向瑞麟要求多一倍的工資。

林師傅心想：「我就試一下這個人的脾性。如果他好像那個死心眼的陳領班一樣，我才不要跟他做事！」

瑞麟想了一下，攤開雙手，平淡地說：「這不成問題呀。老實說，我不介意你要幾多工資，也不管你怎麼做。只要你幫我賺到錢那就可以了。」

他見林師傅的表情有點詫異，補充道：「我都是過來人，知道大家都是為了生活。我負責幫你們找生意，你們負責幫我做貨。你跟我做事，我就不會讓你吃不飽，對不對？」他把身子挨近，盯著林師傅說：「當然做人有來有往。我希望你也是真才實料，幫到工場賺錢。」

林師傅見瑞麟是爽快實際的人，心中甚是歡喜，翌日就到工場報到。他也沒有辜負瑞麟的期望，做事又快又好，確實為工場賺到不少錢。不過林師傅的個性比較孤僻，不喜歡與人交際。工場的師傅因為壓力大，又沒有什麼娛樂，閒時最喜歡聚在一起賭錢。林師傅從來都不參與。其他師傅覺得他恃才傲物，心裡都討厭他。

有一次，師傅們在研究怎樣製作一個客戶交來的戒指設計圖。他們都覺得鑲嵌的部分很困難。瑞麟也有參與討論。他建議用虎爪鑲，大伙表示讚同。林師傅卻不以為然，不認同瑞麟的看法。他直截了當地指出問題所在，提議改用釘鑲。見大伙沒有反應過來，林師傅露出一副沒好氣的表情，再加以說明。

瑞麟一邊聽一邊點頭。待林師傅說完後，瑞麟就對大伙說：「的確，他說的有道理，就按他所說的試試吧！」

師傅們聽到瑞麟的指令後就回到自己的崗位。但其中兩位實在按捺不住，拉著瑞麟投訴，「謝生！你不覺得林添榮的態度太傲慢了嗎？他剛才那樣根本就是在挑戰你的權威！」

其實瑞麟早就觀察到林師傅在同儕間不受歡迎。他也知道此刻林師傅也在偷聽他們的對話，所以他就趁機說：「林添榮的確太孤僻了，這樣不太好，下次一定要拉他一起喝酒。他那個人太精神緊張了，該放鬆放鬆。」

然而他們並不罷休，繼續說：「他根本不把老闆放在眼裡！謝生你也是師傅，他憑什麼覺得自己就是最好？」

瑞麟輕鬆地答說：「我手藝的確不夠好，哈哈。不過這沒有什麼。我不夠好不打緊，最重要是我的夥計厲害，對不對？你們的手藝好，就是往我臉上貼金了。大家都會知道這個工場出品好。」

他們聽到瑞麟的稱讚，怒氣慢慢平息下來。瑞麟見狀，馬上繼續說：「我當然要面子，一個有自尊的人都要面子，對不對？

不過我覺得最重要是把事情解決，交到貨，大家賺到錢。林添榮那邊我會跟他說說，終歸大家一起工作，盡量和和氣氣。不過，他也的確幫助了大家解決問題，對不對？」這使他們不得不承認林師傅在工作上的確貢獻不少。

瑞麟拍拍他們的肩頭，語重心長地說：「我是靠你們這些夥計才捱到今天的。老實說，我很多東西都不懂。不過我覺得沒有問題，我只要請到能幹的夥計就可以了。」聽完瑞麟的話後，他們都覺得瑞麟雖然是老闆，卻沒有高高在上的姿態，反而把功勞全歸到員工身上，不禁既感激又欣慰。

林師傅當然也把瑞麟的話聽進心裡。他欣賞瑞麟的心態和工作方式，決定好好留在工場，為瑞麟效力。他也漸漸卸下冰冷的外殼，慢慢融入工場的社交圈子。

瑞麟對待員工其實是剛柔並施。他堅信讓員工獲得豐厚的金錢回報是推動他們做事的最佳方法。所以只要員工有能力，工作夠賣力，瑞麟也是很願意讓他們自由發揮的。不過他並不會放過工作懶散的員工，而是對他們非常嚴厲。

如果沒有其他重要的差事，瑞麟每天必定最早到達工場，監察員工是否準時上班。若有員工遲到，瑞麟就會警告他們。有幾個師傅老是遲到，不知悔改。瑞麟很是生氣，直接告訴他們，「如果再犯同樣的錯，我就乾脆把你們的功夫臺搬走，反正你們也不緊張趕快做貨賺錢！」

畢竟工場必須持續高效率地生產才能維持盈利，所以瑞麟很重視員工的效率。他很清楚，他需要的是跟他一樣對工作抱有衝勁的員工。只打算隨便混日子的人，他並不抱有好感。

在瑞麟多方面的努力下，工場的業務得以穩步發展。與此同時，他自己也準備步入人生的新階段。

第九章｜成家立業

自從開設工場以來，瑞麟便把所有的心思和時間都投放在工作上，每天都一直待在工場監督生產進度和與員工研究新的設計。如果在工場不見瑞麟的蹤影，十之八九他是去了拜訪客戶。總之，他的生活一直圍繞工場轉，就連睡覺的時候也在盤算如何擴張業務。對瑞麟來說，工場就是他的家，就是他的生命。

*

謝嫂見瑞麟專心致志工作，一步一步拓展自己的事業，當然深感欣慰，為自己的兒子感到自豪。然而她也開始焦慮，覺得瑞麟應該趕緊建立真正的家。之前瑞麟的事業剛起步，她自然不敢令他分神。但眼見現在工場業務已經上了軌道，謝嫂覺得也是時候要為瑞麟安排終身大事了。

有一次，當瑞麟回家探望雙親時，謝嫂便主動跟他提出這件事。她直接說：「麟仔，你現在事業穩定，是時候該成家立業了。你可有合意的對象？」

瑞麟一怔，回答說：「媽，我完全沒有想過這回事呢！」

謝嫂說：「你是時候需要認真考慮的了。我知道你醉心工作，不過你這個年紀也應該找個對象了。你一個人打理工場也很辛苦，找個人幫忙照顧，也有助你的事業。成家立業，相輔相成。」

瑞麟沒有說什麼。雖然他覺得謝嫂突然提出結婚的事有點唐突，但男大當婚，女大當嫁，他明白自己是有義務和責任去完成這件事。

謝嫂繼續說：「你爸的病情，你也很清楚，不知道還可以捱多久。我作為謝家的媳婦，有責任把你們的終身大事都安排好，也算是幫你爸了結一個心願。」

雖然謝嫂的語氣平定，但瑞麟可以感受到她心中的無奈和憂傷。他覺得自己的母親真的是一個很堅強的女性。

瑞麟說：「我明白了，你就幫我安排吧。我也沒有特別的要求，不過相貌要端莊，這個很重要！我可不想要醜婦！」

謝嫂噗地笑了出來，說：「這個孩子真是的！放心好了，你媽我難道是瞎的嗎？太差的也過不了我這關。」

接下來，謝嫂就四處向親友請託，讓他們介紹好的女兒家。在當時的社會，通過媒人介紹，由雙親來安排婚事是很正常的事情。很多人都願意為瑞麟做媒，向謝嫂介紹了不少女生。謝嫂在一堆照片中，精心挑了幾張，拿給瑞麟看。瑞麟看後有些失望，不過礙於媒人和母親的情面，還是禮貌地跟其中幾位女生見了面，不過就沒有下文了。

謝嫂沒有氣餒，她明白這個過程需要花心思和時間。因為是兒子的終身大事，她也不想草率而行。未幾，她又向瑞麟推薦了一位女生。她興奮地說：「麟仔，這位譚小姐真的很不錯。我已經瞭解過，她很機靈，跟你應該很投緣的，你去見一下吧！」

*

於是瑞麟抱著一試無妨的心態，與坤儀見了面。因為有其他人在場，飯局上瑞麟與坤儀並沒有太多的交流，但彼此都留下了不錯的印象。坤儀相貌端正，剛滿 20 歲，渾身散發的青春魅力，吸引了瑞麟的注意。而瑞麟爽朗率直的個性也讓坤儀對他萌生好感。

飯後，瑞麟主動提出送坤儀回家。一開始，瑞麟不敢與坤儀走得太近，怕她覺得自己是狂妄之徒，所以與她保持一定距離。瑞麟平日健步如飛，今天卻故意減慢腳步，與伊人並行。坤儀身材嬌小玲瓏，外形上與瑞麟很匹配。雖然已經入夜，但大街仍然燈火通明，好不熱鬧。一開始兩人都表現得點拘束。

瑞麟嘗試打開話匣子，向坤儀問道：「譚小姐，你平常有什麼愛好？」

「我呀？也沒什麼特別的，喜歡看電影，也喜歡聽音樂。」

「那下次我請你看戲，你會賞面嗎？」

「可以啊，先謝謝你！不過，謝先生，你總是頭一天認識女孩子，就邀請她們看戲的嗎？」

「當然不是啦！」瑞麟連忙擺出認真的模樣否認道。「說實話，我只請美女看戲的。」

「我才不相信呢！」坤儀嬌嗔地向瑞麟做了一個鬼臉。其實哪有女生不喜歡讚美？

坤儀問瑞麟：「那麼，謝先生你平常愛做什麼呢？」

「我嘛，不瞞你說，我的生活就是工作、工作和工作！根本沒有時間去玩！」

「嗯，我知道開工場很辛苦，一天都不可以停下來。」

「的確是這樣！不努力就沒有錢了，我出生貧困，沒有辦法，不得不實際做人。」

「謝先生其實很厲害了。我聽說你幾年前還只是打金師傅，現在已經是老闆，管理好幾十人呢。」

瑞麟擺擺手，尷尬地說：「這沒有什麼了不起啦，都是捱出來的，賺的也都是辛苦錢。我們的規模還是差很遠。」

瑞麟不想再談工場的事。一來他覺得自己的成就還是很有限，二來那也不是什麼特別有趣的東西。他把話題又拉回消遣：「說起來，我也很喜歡看電影。我小時候總是跟著大人順勢混進去戲院，不用買票。告訴你一個秘密，其實我也挺喜歡唱歌。哈哈，想不到吧？」

坤儀露出驚訝的表情，興奮地說：「真的嗎？那你下次要唱給我聽啊！」

「那你要等我先練習一下，我可不想在美人面前出醜呢！你喜歡聽什麼歌？」

「我這陣子特別喜歡周聰的歌。」

「欸？你怎會喜歡老歌了？」

「不知道呢，我特別喜歡那些詞，聽了覺得特別溫暖。」

瑞麟見與坤儀相談甚歡，看看手錶問道：「譚小姐，你趕著回家嗎？」

「謝先生你有什麼主意嗎？」

「我想邀請你去榕樹頭大笪地逛逛，不知道譚小姐會否有雅興？」說罷，瑞麟張開手，誇張地向坤儀鞠躬行禮，逗得坤儀哈哈大笑。

坤儀故意說著調皮話：「謝先生貴人事忙，但仍然願意抽空陪小女子遊玩，小女子當然奉陪到底。」

於是兩人高高興興地往榕樹頭的方向走。瑞麟一邊走一邊告訴坤儀他小時候的經歷以及成長的經過。

「榕樹頭對我來說是很有意義的地方。我父親曾經在這裡賣蛇。小時候我、哥哥和妹妹經常在這一帶玩耍。我們最喜歡看雜耍，哈哈！不過後來父親病倒了，情況一下子就改變了。家裡沒有錢，我 13 歲就被送去當金鋪學徒，被迫自立。自此我便一直住在工場或工作的地方。」瑞麟的臉上掛著萬般感慨和無奈。

坤儀見狀，溫柔地說：「不過也是因為面對這樣的困境，謝先生比一般人更能吃苦，也造就了今天的成就！」

瑞麟搖搖頭。此時跪在路邊的乞丐正向瑞麟大叫：「先生！做做好心，給我一點錢吧！我的孩子幾天沒有吃飯了！」乞丐旁邊的確坐著一個小孩，他骨瘦如柴，一直在哭。瑞麟見小孩著實可憐，就掏出一個硬幣給乞丐。乞丐不停叩頭，不斷說道：「謝謝先生！先生好人必有好報！菩薩保佑！」

離開那乞丐後，瑞麟繼續說：「我沒有想過要什麼成就。我只是怕餓死，怕家人餓死，怕夥計餓死，怕自己餓死。」

瑞麟突然認真地看著坤儀，「譚小姐，我不想在你面前裝模作樣。我只是做小生意，錢賺得不多，有時候周轉不靈，連坐巴士都沒有錢！我希望你明白我的情況。」

坤儀看著瑞麟，沒有說話。

瑞麟接著說：「不過我會為了家人和夥計拚命。我覺得讓跟著我的人捱餓是很丟臉的事。」

此時，坤儀露出笑容，以堅定的口吻說：「謝先生，很感謝你願意告訴我那麼多事情。真的，我很欣賞你的直率。」

瑞麟覺得坤儀是明白他的心情的，心裡頓時充滿溫暖的感覺。坤儀調皮地說：「謝先生，今晚就好好放鬆一下吧！讓跟著你的人覺得無聊也會很丟臉啊！」

瑞麟哈哈大笑，拍了拍胸脯說：「你講得有道理，我謝瑞麟保證今晚會讓你盡興而返！」

瑞麟與坤儀來到榕樹頭的時候，大街已經擠滿人群，人聲鼎沸。他們見有人表演雜耍，便駐足觀賞。雜技人同時拋玩著數支火棒，猶如召喚著幾條火龍在空中飛舞，看得觀眾如癡如醉，瑞麟和坤儀更是頻頻喝采叫好。表演完畢後，坤儀看到附近有很多攤販在叫賣，嚷著要湊熱鬧。瑞麟說：「日本仔打來的時候，我每天都跟父親走到街上做收買。不是我自誇，但我蠻會辨別貨色。等我幫你掏一些寶物吧！」結果瑞麟買了一大堆東西給坤儀，衣服、香水和日用品等一應俱全，坤儀滿載而歸。

坤儀高興地說：「謝先生，太感謝你！讓你那麼破費，真的不好意思！」

瑞麟擺擺手說：「是我要感謝譚小姐你賞面，願意陪伴我。我很久都沒有試過那麼開心了，真的。」

兩人默默對望，氣氛頓時變得很奇妙。瑞麟很尷尬，借故看了一下手錶說：「譚小姐，有點晚了，我送你回去吧。」

坤儀也面露尷尬說：「嗯，太晚回家的話，我父母會擔心。不過你不用送我了，附近好像有巴士站，我自己回去就可以了。」

瑞麟說：「我陪你走去巴士站吧。」

坤儀與瑞麟默默地並肩走著，兩人都欲言又止。坤儀突然說：「謝先生，你聽到嗎？好像有歌聲呢？」

瑞麟停下來，仔細聆聽後說：「對啊，好像有人在唱歌呢。演唱的人還真是不少。你看，是不是那邊呢？好像有觀眾聚在一起。我們過去看看吧。」

他們朝著歌聲的方向走，有一男一女正站著賣力地又跳又唱。女的比男的年輕不少，他們的外貌有點相似，說不準是一對兄妹。而他們正在唱的是周聰和呂紅的快樂伴侶。

尋伴侶大眾歡樂趣
求淑女愛她癡心最
日日快樂唱隨，做一對好佳侶

女歌手說：「大家一起跳舞一起唱歌！來啊！」

情味趣，令我心亦醉
尋樂趣兩家歡心對

不少圍觀的年輕人被歌手的熱情及輕快調皮的歌聲感染，也一起載歌載舞，氣氛熾熱。瑞麟和坤儀也跟著拍子附和拍掌，興奮非常。

漫步兩岸柳垂，春光照我心裡
與哥愛戀沒顧慮，每日與哥哥暢聚
同是良伴有樂趣，卿是我終生伴侶
求伴侶為了增樂趣，情味趣兩家歡心對
日日快樂唱隨，春光照我心裡

一曲完畢後，觀察熱烈地拍掌歡呼。女歌手說：「謝謝大家！願天下有情人終成眷屬！」

瑞麟偷偷望了坤儀一眼，她正專注地大力拍手，向歌手們致意。

坤儀轉過頭來，跟瑞麟說：「這是我最喜歡的歌曲之一，他們唱得很有感情，聽完後整個人都覺得幸福滿溢。」

瑞麟認真地說：「對，但願天下有情人終成眷屬。」

坤儀臉上泛起一陣淡紅。瑞麟接著說：「我們走吧，雖然很想多聽幾首歌，不過時間有點晚了。」

瑞麟和坤儀來到巴士站時，已經有不少人在候車，看來不用等多久就有車來了。瑞麟把握時間，跟坤儀說：「譚小姐，感謝你今晚的相伴。」

坤儀說：「謝先生，是我要感謝你才對。今天我很開心。」

瑞麟一本正經地問坤儀：「譚小姐，我們可以再見嗎？」

此時，候車的人群突然爭先擁後向前衝，原來巴士已經來了。

坤儀在慌亂之中，把手伸出來，跟瑞麟說：「謝先生，以後請多多指教！」

瑞麟馬上緊握坤儀的手說道：「嗯，我再跟你聯繫！」

那天之後瑞麟與坤儀開始交往。

瑞麟本身是一個很節儉的人，但對於女性卻非常大方，願意花盡千金只為搏紅顏一笑。雖然瑞麟當時並不富裕，但也會豪氣地帶坤儀上好的餐館，當然也會送她很多漂亮的珠寶首飾。不過瑞麟工作忙碌，交往期間其實沒有太多時間與坤儀約會。坤儀並沒有埋怨瑞麟，她覺得男人本應以事業為重。瑞麟覺得坤儀懂事，心中確定她是做妻子的理想人選。而坤儀也被瑞麟的直率深深吸引。更重要的是，她深信瑞麟非池中物，他朝肯定可以出人頭地。兩人交往大約一年後便決定共偕連理。

解決了兒子的終身大事，謝嫂感覺鬆了一口氣。坤儀也沒有辜負謝嫂的期望。婚後，她不嫌辛苦，跟隨瑞麟在工場工作。除了掌管帳目外，工場欠缺人手時，坤儀也會外出替瑞麟送貨和買原料。雖然坤儀年紀輕輕，但很快便在工場確立了「老闆娘」的地位，員工都對她尊敬有加。

瑞麟則一如既往把心思全放在工作上。現在加上坤儀的相助，可謂如虎添翼。瑞麟招的工人越來越多，工場的空間已經不敷應用。於是他又把工場擴充，在附近的立誠大廈租下兩個單位，並把它們打通。一邊作為工場，另一邊則是居住的地方，面積大概有 1,200 呎。

*

雖然地方增加了，瑞麟還是想繼續擴大工場的規模。他心想，「工人越多，賺的錢也就越多。不過地方是一個大問題……最好能找一些相連的單位。」

他在大廈樓下剛好看到有人在收拾東西，準備搬離單位，於是心生一計。瑞麟連忙拍醒犯午睏的王伯。王伯是該大廈的管理員，平常最愛看馬經，一天到晚報不離手。瑞麟遷入後，每逢工場加班，必定分一份宵夜給王伯。王伯因而與瑞麟結成好友，每次碰面時，總會談天說地一番。

睡眼惺忪的王伯揉著眼睛，問瑞麟：「啊…是謝先生你啊？怎麼了啦？難不成有賊了？」

瑞麟笑說：「王伯，如果真是有賊了，我可會那麼淡定？其實我是有事情跟你商量。」

王伯說：「怎麼了？要借錢嗎？我老王雖然窮，但如果兄弟你需要幫忙，我就算傾家蕩產也一定幫你渡過難關！」

「哈哈，謝謝，謝謝好兄弟。不過我不是要錢，我是需要你幫一個忙。我留意到最近有人搬出了，對吧？」

「對呀，七樓的陳先生走了。」

「是這樣的，以後你發現有人打算搬出的話，可以告訴我一下嗎？我想請你幫忙說服那些跟我同層的人搬去那些空置的單位。我想把單位打通，那樣工場就可以擴大了。」

王伯有點猶豫。他說，「這個嘛……不知道給業主知道了會不會不太好……」

瑞麟說：「我不是要勉強他們，只是如果有其他空置的單位的話，我希望他們可以考慮搬過去。當然我會負責他們的搬遷費用，不會平白要別人給我方便的。我當然也不會虧待王伯你啦。如果你不嫌棄的話，就當我聘用你好了，我會給你人工的。」

王伯說：「哦，那樣我就明白了！這很小意思，你不用給我錢了，舉手之勞而已！」

瑞麟搶著說：「不，不，王伯，這樣不好。你這樣會令我過意不去。」

王伯想了一會，「那這樣吧，兄弟，我幫你留意動靜和做說客。如果你旁邊的住客真的搬到其他的單位去了，你才給我一點報酬吧。」

「好，那樣很公平，一言為定！感謝！」

立誠大廈共有 12 層，每層樓共有 4 個單位，分為 A、B、C 和 D 四室，全部單位歸一個業主所有。瑞麟租的兩個單位在三樓，如果要打通全部單位，意味著瑞麟需要等隔鄰兩戶遷出才可成事。但這樣等，誰知道要等到何年何月？瑞麟看到其他樓層有住戶遷出，即想出叫王伯幫忙的主意。這樣一來，只要大廈裡有租戶遷出，瑞麟就有機會租下旁邊的單位。

回家後，瑞麟向坤儀說了叫王伯幫忙一事。他說，「我覺得一定要主動出擊。工場只能不斷擴充，不能停下來。」

坤儀說：「嗯，我知道你是進攻型的人。」

瑞麟繼續向坤儀說起工場的種種，但坤儀顯然沒有太在意。瑞麟說了一堆，見坤儀好像有心事，便停下來問，「怎麼了？嫌我總是說公事？」

「不是，只是我有事要告訴你。」

「怎麼了？」

此時，坤儀臉上綻放出燦爛的笑容。顯然她已經壓抑很久了。「麟哥，你要當爹了！」

第十章 ｜ 赤色浪潮

大半年後，坤儀順利誕下一名兒子，取名達明。

原來瑞麟與坤儀結婚後，謝嫂便每天都祈福，希望坤儀能為謝家早日添丁。如今坤儀不負所望，為謝家開枝散葉，謝嫂自然欣喜若狂。她抱著孫兒，一邊哄他，一邊滿懷安慰地跟坐在一旁的瑞麟說：「麟仔，你看明仔多英俊！謝家現在三代同堂了，我對你爸總算有一個交待。」

謝嫂又轉身對坤儀說：「家嫂辛苦你了，為我們謝家生了這麼可愛的一個孩子！」

瑞麟初為人父，第一時間想到的就是病重的父親。瑞麟覺得達明的降生對病父而言是一份具有特殊意義的禮物。一想到父親看著達明時一臉慈祥的樣子，瑞麟就感到特別安慰。瑞麟沒有像謝嫂一樣將自己的興奮之情表露無遺，但其實他內心的激動絕不亞於任何人。他很感謝坤儀為謝家所作的付出，同時又對兒子充滿期盼。瑞麟希望兒子將來不用像他一樣捱苦，總是為了錢而奔波勞心。瑞麟暗自向兒子許下承諾：「為了讓你過好的生活，你爸我一定會加倍努力。我會盡力讓你接受最好的教育。你有學歷的話就不用像我一樣。千萬不要經歷我所經歷的一切。」

過了兩年，謝家再添新成員。坤儀這次誕下的是一名女嬰，一男一女剛好湊成一個「好」字。女孩取名穎怡，長大後果真如名字一樣聰穎。但可能因為工場的環境過於嘈雜，穎怡出生後經常哭個不停。瑞麟和坤儀沒有辦法，只好把穎怡交給謝嫂照顧。

其實瑞麟根本沒法分身照顧孩子。瑞麟不但是工場的老闆，更是靈魂人物。工場的工作已經霸占了他所有的時間。瑞麟幾乎每天都睡在工場裡。那時候只要有訂單，瑞麟不管客戶給的時間是多麼少，他都一定會答應下來。一到有訂單的時候，瑞麟和員工差不多每天都要工作到凌晨。當太累的時候，瑞麟便會稍微睡一小片刻。但他很快又會醒來，繼續監督師傅們的進度。

自孩子出生後，瑞麟更加拚命地工作。瑞麟沒有時間享受天倫之樂，陪伴子女成長，但他覺得自己努力賺錢就是對孩子們最大的貢獻和補償。

瑞麟萬萬沒想到孩子們出生不久，即要面臨一場席捲中國、香港及澳門的赤色浪潮。

*

其實早在 1960 年代初，香港社會已經出現暗湧。由於大量的移民繼續由中國大陸湧入，香港的人口持續增加，1961 年時已達 300 萬。1958 年至 1960 年間，共產黨在中國大陸推行大躍進運動，原意是希望動員全國人民在短時間內增加國家生產值，達成「超英趕美」的目標。然而，其推行的「大鍊鋼」運動，卻因為脫離現實而以慘淡失敗告終。大躍進運動除了造成巨大的經濟破壞外，還導致大飢荒爆發，生靈塗炭。很多人為了逃過厄運，鋌而走險，選擇逃難到香港。香港的人口因而又一次急遽膨脹。

人口暴增使 1960 年代的社會開始掀起一片炒賣房產熱潮。其實早在 1950 年代中期，已經有地產商推出「分期付款」及「賣樓花」等新型售樓方式，加速地產業的發展。隨著移民不斷湧入，房子的市場需求急劇增加，樓價亦開始攀升。房地產業急速發展的背後蘊釀著一個大危機。當時針對房地產業及金融業的監管制度並不完善。很多銀行都積極參與房地產的投機活動，見有利可圖，更無節制地放貸，最終觸發不可收拾的擠兌潮。

「1965」，對香港的中資銀行而言是一組黑暗的數字。1 月的時候，有消息流出，指明德銀號遇上財政問題。市民聞訊，瘋湧而至要求提取戶口存款，最後明德銀行宣告倒閉。雖然明德銀號只是小型的銀行，但它的倒閉卻對其他中資銀行造成信任危機，引發不可收拾的骨牌效應。廣東信託銀行、恆生銀行、廣安銀行、道亨銀行、永隆銀行及遠東銀行等相繼遭遇擠兌。

香港政府見市態嚴重，連忙頒布一系列穩定金融市場的措施。政府又向英國尋求協助，從倫敦運來大量鈔票應急，並宣布英磅暫時為法定貨幣，同時又限制銀行存戶每天的提款額，直到危機平息。擠兌潮後來稍為平伏，不過 4 月的時候，市場又傳出流言，指恆生銀行出現財困。

其時恆生銀行是香港規模最大的中資銀行之一。受到流言影響，市民對銀行的信心急劇動搖，結果又爆發新一輪的擠兌潮。大量市民湧到恆生銀行位於中環的總行，爭先恐後要求提取存款。結果恆生銀行於一個月內損失占近 1/6 的存款，情況岌岌可危。最後，匯豐銀行出手收購恆生銀行 51% 的股權。恆生銀行雖然免除倒閉的危機，控制權卻落入匯豐銀行手中。經此一役，香港的中資銀行變得疲弱不堪，銀行業從而由外資銀行所壟斷。一連串的擠兌事件亦嚴重打擊了香港的經濟，造成股災。因為銀行收緊借貸和投機活動，樓市亦大幅下滑。

然而，一波未平，一波又起。就在各界關注恆生銀行危機發展的同時，天星小輪公司向政府申請加價，提高來往中環及尖沙咀的渡輪收費，頭等費用由兩角加至兩角五分。渡輪是當時來往香港島及九龍半島的唯一交通工具，渡輪公司申請加價，無疑對大眾的生活造成影響，加上群眾擔心會有骨牌效應，因而社會充斥著反對的聲音。議員葉錫恩更收集到約 2 萬個市民的簽名，反對加價。但政府召集的交通諮詢委員會卻無視民意，向政府建議批准天星小輪的加價申請。香港政府其後相繼增加郵費、公共房屋租金及汽車牌照費等公共服務收費，民眾的擔憂成真。天星小輪公司的主席郝理士卻落井下石，以譏諷的口吻揚言：「沒有錢坐頭等的人就坐二等吧！」他的言論馬上引起公憤，令反對天星小輪加價的聲音越來越大。

1966 年，4 月 4 日，一名叫蘇守忠的青年，身穿寫上 “Hail Elsie! Join hunger strike to block fare increase” 及「支持葉錫恩，絕飲食，反加價潮」的外套，在中環愛丁堡廣場碼頭進行絕食抗議，吸引了群眾圍觀。後來，有其他青年被他的行為所感動，也一併加入抗議行動。翌日，警察拘捕蘇守忠。他的支持者在尖沙咀碼頭示威，要求政府釋放蘇守忠。警察隨後再拘捕數名示威者，結果觸發騷動。4 月 6 日晚，有數百人聚集，攻擊油麻地警署，隨後又在彌敦道一帶放火，攻擊公共設施及襲擊警察。政府因此需要宣布九龍實施宵禁。4 月 7 日，又有數百人集結攻擊旺角及油麻地警署，政府最後需要出動英軍協助維持秩序，平息騷亂。事件導致 1,000 多人被捕，1 人死亡及數十人受傷。然而，這場騷動並未能阻止天星小輪加價，政府最終批准天星小輪的申請。

香港政府事後成立調查委員會分析騷亂成因。委員會認為年青人對香港社會缺乏歸屬感；加上經濟不景氣、房屋短缺、失業等問題，導致騷擾爆發。委員會建議要加強政府與公眾的溝通，建立信任。

葉錫恩卻批評這份委員會的報告書只是政府的一場小把戲。

她覺得香港政府刻意淡化事件，不願意承認社會普遍彌漫著對港英政府施政的不滿情緒。其實市民對港英政府的不滿並不是一朝一夕形成的事。雖然 1960 年代的香港已經逐漸擺脫戰後初期的困窘，但一般民眾的生活水平仍然低落。政府經常漠視基層人士的訴求。同時，公務員貪污蔚成風氣，很多時候市民都需要賄賂公務員才能享受應有的公共服務。例如，消防員救火前要先收取「開喉費」，醫護人員會向病人索取「茶錢」等等。當中又以警員的貪污問題最為嚴重。在很多市民眼中，警員與流氓無異，因此盛行「好仔不當差」的說法。此外，種族歧視的情況仍然嚴重。政府及大型機構中的高級管理層以白人為骨幹，除了少數精英外，華人在香港的社會始終是次等公民。

政府未有及時為這躁動的社會降溫，結果間接觸發了戰後港英政權面臨的最大管治危機。

*

接下來發生的事，如果在若干年後回頭審視，肯定會被認為是瘋狂至極，且讓人百思不得其解。但人們往往被熱忱推向失常的邊緣，卻毫無自覺。直至覺醒的時候，已掉入萬劫不復之地。

正當香港政府為了收拾天星小輪事件的殘局而發愁時，中國大陸卻蘊釀著一場前所未見的極端政治運動。1966 年 5 月，失勢的毛澤東為了從溫和派手中奪回權力，煽動人民發動一場無產階級文化大革命，打倒國內一切資本主義勢力。毛澤東更宣傳「造反有理」，藉此號召全國學生組成紅衛兵作為革命的先鋒。紅衛兵打著「破四舊」的旗號，四處破壞文物，又在全國各地展開大規模的批鬥行動。舉國進入猶如歐洲中古時代的獵捕狂熱中。不同的是西邊抓的是女巫，東邊抓的則是被打為「反動派」的人。大量知識分子被公開侮辱、抄家和流放。孩子舉報父母和學生凌辱老師的例子比比皆是。社會秩序連同一切牛鬼蛇神都被掃蕩得一乾二淨。

這波狂潮很快就湧至與大陸相連的澳門和香港。兩地的左派都蠢蠢欲動，急欲響應毛主席的號召，領導無產階級鬥爭。首先陷入混亂的是澳門。1966 年年底，氹仔民眾因為校舍擴建的問題，與官員起了爭執。12 月 3 日，左派帶領民眾於總督府前進行抗議，其後來演變為大規模警民衝突。最後政府以武力鎮壓民眾，並實施宵禁。事件最終釀成 200 多人受傷，8 人死亡。

中國政府事後向澳門葡萄牙政府發出強烈抗議，並要求澳門當局道歉認錯，嚴懲有關人士，接受澳門居民的要求及嚴禁國民黨在澳門境內從事任何活動。澳門政府最初不願意就事件作出道歉。後來，左派號召人民發起三不運動，不納稅、不向葡人提供任何服務及售賣物品。備受種種壓力，澳門政府最終低頭，接受中國提出的所有要求。從此以後，澳門的國民黨勢力被革滅殆盡，當地的政局由左派把持。

澳門左派的成功對香港的左派起了很大的刺激作用。派系內的激進勢力紛紛抬頭，他們認為應該學習澳門的同志，採取強硬的態度對付殖民政府。激進分子熱切期盼革命風暴的來臨，而溫和分子則屢遭打壓。

1967 年 4 月，位於新蒲崗的一間人造花廠發生勞資糾紛。工廠公布了一系列苛刻的新規定，又藉故解雇一大批員工。左派工會於 5 月開始介入事件，號召工人展開一連串的抗議行動。工人與警察發生衝突，警察以木製子彈開槍鎮壓。隨後，工會呼籲群眾到街上聚集，黃大仙和土瓜灣一帶發生暴動，政府需要實施宵禁平息事件。

中國外交部向英國駐華代表就事件發出嚴正抗議，要求港府接受香港民眾的要求。受到中國政府支持的鼓舞，香港左派陣營決定採取強硬態度迫使政府認錯賠償。「港九各界同胞反對港英迫害鬥爭委員會」於 5 月 16 日成立，負責統籌一連串針對香港政府的反抗行動。中國政府也組織北京的民眾遊行至英國駐華大使館抗議。香港的鬥委會也馬不停蹄，發動包圍港督府的抗議行動。不少抗議者手捧小紅書，大聲朗讀毛澤東語錄。行動後來蔓延至中區一帶。除了工人外，也有不少學生參與遊行。5 月 22 日，中區爆發激烈的警民流血衝突，100 多人被捕。5 月 23 日，左派工會呼籲旗下的員工罷工，公共服務受到影響。

左派與警察的衝突不斷持續，而且有愈演愈烈之勢。7 月 8 日，數名香港警察在沙頭角被共產黨武裝分子射殺。市面開始傳出英國將會撤出，由中國接手管治香港的謠言。一時間流言四起，民心動盪。港府開始將鎮壓行動升級，並展開針對左派的大規模搜捕和遞解出境行動，甚至出動英軍協助。警察開始在街上射殺左派份子，又攻打左派據點。左派也自行製作燃燒彈，以警署和警察為攻擊目標。

左派發動的抗爭行動為港府帶來重大的管治危機。以往民眾就算不滿港府的施政，大多也只是敢怒不敢言。就算發生騷亂，也只是持續很短的時間。但這次左派是打著「反英抗暴」的旗號，公然挑戰港府。而且參與抗議的不僅僅是共產黨人，也有很多工人、學生和純粹同情左派的民眾。至 8 月，港府開始查封左派報社和學校，誓言要盡快平息這場風暴。後來，街道上突然出現很多自製炸彈。左派孤注一擲，希望製造恐懼迫使港府就範。市民開始人人自危。

*

瑞麟在工場中不斷向員工發出指令，他看似非常憂心焦躁，「明早我們就要出貨了，再不加快速度，肯定趕不來！」

「老闆，李偉找你！」有員工向瑞麟大喊，並指著門口。其他員工見有客人找老闆，馬上鬆一口氣。在這段趕工的日子，他們快要給瑞麟逼得發瘋了。

瑞麟向站在門外的人招了招手，示意他走進來。

「阿偉，什麼風吹你來了？」李偉是行街，幫瑞麟找到不少出貨渠道，他倆一直保持良好的關係。

「謝生，你還真是處變不驚。外面那麼亂，你在工場裡面卻好像什麼事都沒有發生一樣。」

「怎麼亂都要吃飯，對不對？特別是在這樣的時勢。」

「你沒有想過走嗎？」

瑞麟正在整理單據，一臉不經心地說：「走？為什麼要走？走去哪裡？」

「張記走了。」

瑞麟吃驚地說：「哪個張記？該不會是張友途吧？」

「正是他。我本來想問他拿點石[1]，誰知道他已經搬走了。他好像有親戚在印尼。」

「之前完全沒有聽說過呢！」

「可能不想給人知道，怕惹麻煩吧。最近很多人都說這裡不安全，不宜久留。他們也真的不只是說說而已。我住的那裡就有兩戶搬走了。唉，外面太亂了。我恨英國佬，也討厭左仔！如果

1 「石」指的是鑽石。在香港，行內人士一般稱鑽石為「石」。

我有渠道，我也想走。我們做行街的，每天都要到處走。現在，我每天都提心吊膽！他媽的，這鬼日子！」李偉越說越激動。

瑞麟說：「對啊，也不知道這樣的日子要持續到什麼時候。不過我不可能走的。你看我這些夥計，我一走了之的話他們怎麼辦？還有我全家上上下下。我不能走，也不會走。」

「啊，對了，謝生你這樣一說倒是提醒了我！我找你其實是想跟你說，張記突然關門，那邊的員工正愁著呢。你看你這邊要不要人。」

瑞麟馬上說，「要，人的話我怎麼都想要。阿偉，謝謝你特意過來告訴我。你幫我跟他們帶頭的講一下吧。」

翌日中午，瑞麟需要出門送貨。出門前，他誠心地在關公像前上香。

昨天晚上他跟坤儀談到李偉的來訪。坤儀問他：「麟哥，你真的沒有想過要走嗎？」

瑞麟說：「真的沒有。我每天光是處理工場的事都已經忙不過來，完全沒有心思想別的事。連戰爭我都熬過去了，現在的動亂呀，只是另一個風浪而已。不論怎樣，我們都得迎難而上，沒有其他選擇。」

瑞麟見坤儀還是愁眉不展，嘗試安慰她，「再說，說不定這對我們的工場而言是個機會呢。當大家都移民的時候，總是得有人繼續留在這裡工作。我打算接收張記的夥計。總之，我們要保持生產，怎樣都不可以停下來。」

瑞麟想到坤儀叮囑他外出的時候要格外小心，上香後他還特意向神像再三鞠躬。瑞麟要乘坐的巴士因為司機罷工而停駛，他唯有跟別人一樣等候白牌車。下車後，他看到街上有很多警察巡邏，周圍也架起了路障，好幾家店舖的鐵閘都緊緊拉下。瑞麟心想：「不知道他們是否都移民了？」

瑞麟走過幾個路口後，看到有人群聚集在一條後巷附近。瑞麟問旁邊的人發生了什麼事。那人說：「又有一個土製菠蘿。差佬正在趕來。幸好發現得早，不然可能又要有小孩給炸傷了！」瑞麟擠進人群裡，勉強看到那寫著「同胞勿近」的字條。未幾，一隊警察就趕來封鎖現場。

*

瑞麟回到工場後已經是下午了。黃輝見瑞麟回來，馬上衝上去跟他說話。

黃輝激動地說：「麟哥，你平安回來就好了！我們擔心得要命！你可知道今天發生了什麼事？」

瑞麟一頭霧水，「怎麼了？有什麼事了？快說吧。」

「林彬死了！那個播音員林彬！」

「咦？怎麼那麼突然了？他遇到意外了嗎？」瑞麟還是不明白黃輝為什麼要那麼激動。

「他是給活活燒死的！早上他開車上班的時候，半途有人突然冒出，向他的汽車潑汽油。整輛車都給燒光光！」

此時，瑞麟才明白過來。「不是吧！那麼可怕！這世道真是……」

員工們都在對事件議論紛紛。瑞麟看得出來他們對當前的局勢感到很不安。

有一個姓張的師傅走上前問瑞麟：「老闆，聽說張記逃難去了，留下不少員工。老闆，你會繼續做下去嗎？」

瑞麟覺得有必要跟員工說清楚，免得他們忐忑不安，影響工作。他讓員工先停下手上的工作。大家都屏息以待。

瑞麟說：「我知道外面很亂，大家都很擔心。要擔心自身安全，家人安全，還有日常生計。」員工們都頻頻點頭。

瑞麟繼續說：「我知道有些行家離開香港了，工場也自然關門大吉。但我謝瑞麟在這裡向各位保證，只要我還有一口氣，我一定會繼續做下去。工場不可以停下來，手停口停，我很明白這個道理。接下來，還請大家幫幫忙，繼續咬緊牙關捱下去。在這個非常時期，我們更加不容有失。我會繼續找生意回來，幫大家賺錢！」

話畢，員工們便熱烈地鼓起掌來。聽到瑞麟的承諾後，他們的不安大大減退，馬上又全情投入到工作中。

第十一章 涉足出口

左派發動的炸彈潮不但沒有對港府造成致命的痛擊，反而把民心推向敵人那一邊。民眾開始對左派失去同情，他們只想盡快平息眼前的混亂。香港政府也同時繼續加強宣傳攻勢，把左派塑造為危險的暴徒和暴力分子的形象。勝利女神已經選擇離左派而去，左派的號召力變得越來越低。至年底，中共中央指示香港的左派停止炸彈潮，動亂始告落幕。

這場持續整整半年的騷亂成為戰後香港社會發展的一個轉捩點。事件導致2,000多人被檢控，接近1,000人受傷及死亡。然而，數字本身並不足以說明事件的重要性。六七暴動以後，左派在香港的影響力一落千丈，民眾厭倦戰後左右兩派的政治鬥爭。香港政府則汲取教訓，開始認真檢討施政，在接下來的十年推出了一系列的改革和福利措施，企圖一洗政府過去不良的印象。

六七暴動期間有不少人因為擔心香港的前景，選擇離開香港移民他地。而留在香港的人，卻有不少因禍得福。有商人趁低吸納，購置了很多房地產，他們包括鄭裕彤、李嘉誠、李得勝和李兆基等。當時並沒有人料到他們日後會成為香港商界叱吒風雲的大人物。當然，那時候更加沒有人可以預見這場風暴過後，香港會迎來一個比一個更絢麗的晨曦。

*

瑞麟雖然沒有充裕的資金去買房地產，但他也是這場危機中的幸運兒之一。瑞麟因為在暴動期間堅持維持工場的正常運作，所以接收了不少同行的生意和員工。暴動後，瑞麟的工場的規模大幅提升，多了接近一倍的員工。在王伯的協助下，瑞麟陸續租下了相連的單位，最後三至五樓所有 A、B、C 和 D 的單位全給他租了下來。他把這些單位全部打通作為工場，還找人在內部造了一道樓梯貫穿三層樓。他自己一家則住在二樓的一個單位。

瑞麟的工場的生產規模已經變得成熟，可以包辦珠寶加工的所有工序。簡單而言，要製造一件珠寶首飾，師傅需要先用人手把金器打造成型，稱為造坯。之後還要經過打磨拋金、鑽石或珠寶鑲嵌、鍍電和整理等過程。之前因為規模所限，瑞麟的工場主要從事造坯的工序。為了完成客人的訂單，很多時候需要把珠寶鑲嵌的工作外判給其他工場。現在工場有足夠的人手又有充裕的空間，就可以免除外判的麻煩和成本。那時候，周大福、景福和周生生等大牌的本地珠寶店都成為瑞麟的客戶。

瑞麟事業得意之餘，家裡也喜事頻傳。坤儀又為瑞麟生了一個男孩，取名為達峰。廣東話有一句俗語：「孻仔拉心肝，孻女拉五臟」。達峰是謝家最小的男孩，也是全家上下的心肝寶貝。瑞麟見家裡熱熱鬧鬧的，頓時覺得一切辛苦也是值得的，感覺總算是否極泰來。

不過，瑞麟的生命中總是滿布各種困難和奇遇。以為窮途末路的時候，卻發現撥開雲霧可見青天；以為斬滅荊棘的時候，卻又遇上新一輪的洪水猛獸。

瑞麟的工場非常繁忙，每天都有很多人進進出出，漸漸引起其他住戶的不滿。他們向王伯投訴，見沒有什麼成效，就直接跑到業主那裡告狀。王伯見事態不妙，便私下向瑞麟報告情況。

他忠告瑞麟：「謝先生，你要叫你那些夥計小心一點。雖然說你有交租，但業主怎樣也得安撫一下其他住戶。」

「王伯，謝謝你的提點。我會注意的了。」瑞麟答道。

話雖如此，但瑞麟一時間也想不出解決的方法。他總不能叫停生產，唯有吩咐員工盡量不要妨礙到其他住戶的日常生活。

不久，消防處和勞工處就分別派人過來巡察大廈的單位。他們見瑞麟把幾層樓的單位都打通用來做工場，還在內部弄了一道樓梯，馬上給他發出嚴重的警告。按照法律，任何人在住宅單位內從事任何工業或商業活動，即屬違法。其實當時很多山寨廠都是租用住宅樓宇的單位進行生產，單在立誠大廈裡就有不少工場。通常政府當局對這些違規情況都是睜一隻眼閉一隻眼。問題是瑞麟的工場規模太大，樹大招風，自然成為目標。

收到警告後，瑞麟不得已，只好暫時中止工場的運作。工場即使只是停產一天，就已經會對生意造成很大的影響。瑞麟等監管放鬆了點，又馬上叫員工復工，結果又招來投訴和警告。如此反反覆覆，生產進度被嚴重拖慢，同時業主也對瑞麟不斷施加壓力。

瑞麟自知長此下去不是辦法，他需要盡快找一個新的據點。瑞麟想到找陳曾熙幫忙。曾熙曾留學日本，是一位工程師。他與弟弟曾燾於 1960 年代初自立門戶，創立恒隆公司，從事地產業務。瑞麟與曾熙經友人介紹認識，經常結伴於上環的大同酒家見面吃飯。

瑞麟跟曾熙說需要一些相連單位，曾熙便推薦瑞麟把工場搬去恆星樓。恆星樓是新蓋好的樓宇，位於尖沙咀的緬甸台。瑞麟見越來越難在尖沙咀找到安置工場的地方，所以一口氣向恆隆公司買下了恆星樓 18 個單位。就像在立誠大廈一樣，瑞麟把恆星樓的 18 個單位全部打通，還特意在一樓開闢了一個小型的陳列室，專門招呼批發客戶。至此，工場的員工數目已多達 300 人。

*

「阿麟，怎麼在發愣了？」陳國林使勁地拍了一下瑞麟的肩膀，瑞麟如夢初醒。

瑞麟摸一下腦袋說：「哈哈，阿林，不好意思。剛才在想工場的事」

國林說：「阿麟，我說你不要老是想著工作的事了。出來吃飯就好好放鬆一下。」

國林是瑞麟的好友，他開了一家玩具加工場，最近的生意特別好。國林這一晚特意聯同幾個好友請瑞麟吃飯，算是恭賀他的工場又再擴張。

瑞麟說：「對呀，你說得對！謝謝兄弟們，你們真有心！」

「阿麟，我問你一個問題呀。你的工場搞得那麼成功，有沒有算過自己其實賺了多少錢？」

「你這樣一問真是考起我了。這樣想來，我好像從來沒有好好點算過呢。不過比起阿林，我的工場只算是小生意啦！」

蔡振華馬上插嘴：「對呀，阿林，你賺了多少了？」

馬添勝也說：「阿林，你可不要瞞著兄弟啊！」

國林示意大家停下來，他說：「噓，小聲一點啦！老實說，我也不知道賺了多少！」

「其實我想開一間有限公司，會計師正在幫我查帳。」

振華馬上追問：「其實開公司要怎樣弄了？我目不識丁，怕給人騙！」

國林說：「我難道有比你多唸幾年書嗎？有錢能使鬼推磨。你不懂做沒有所謂，交給懂做的人不就行了。把事情統統交給會計師就好。」

瑞麟問國林：「開有限公司有什麼好處？」

國林說：「這個你們就真的要好好聽著了。他們說呀，開了有限公司的話，有什麼事情都是公司負責。也就是說，如果公司倒閉了，我們個人也不會有損失。總之，如果你們是想搞大自己的生意，一定要開有限公司。做生意要有系統才可以更上一層樓。」

振華說：「阿林，你這番話說得真是太棒了！哪裡抄來的？哈哈哈！」

國林馬上狠狠地箍著振華的脖子。「你這臭小子！」

大伙後來沒有再說公司的問題，只是東拉西扯一通，說說女人，又說說球賽和賽馬。散席的時候，瑞麟問國林：「阿林，我問你啊，你一開始說的公司的事情是認真的嗎？」

「當然是認真的啦！阿麟，我勸你也認真考慮開一間公司吧。那樣才算是真正的老闆。我們是要做大事的，就要有模有樣。」

瑞麟回去以後真的按國林所說，找來了會計公司協助把工場註冊成為一間有限公司。會計公司翻查瑞麟工場多年來的帳目，發現原來瑞麟在 10 年內賺了約 97 萬。瑞麟自己根本沒有想過原來賺了那麼多錢，當他聽到會計師的報告時也有點嚇傻了眼。

*

1971 年 1 月 5 日，公司正式入冊。

為了慶祝有限公司的成立，瑞麟打算在恆星樓舉行一場盛大的宴會，慶祝有限公司的成立。這天下午，瑞麟跟坤儀一起商議賓客的名單。

坤儀問瑞麟：「麟哥，名單上的人你都打算邀請嗎？那花費可能會頗大呢。」

瑞麟說：「這是值得高興的日子，如果花一點錢能讓大家開心，那沒什麼。有很多人我想感謝。如果沒有他們的幫忙，我就沒有今天了。」

「嗯，我明白了。對了，華叔、嚴叔是誰來著？還有陳師傅和葉師傅，他們是誰？」

「他們都是寶祥金行的人，就是我以前學打金的地方。我之前跟他們失去聯繫了，不知道是否可以找到他們。」

「你不是說過那段時間很苦嗎，連他們也要請嗎？」

「是很苦呀！不過也已經捱過去了。畢竟他們也有照顧我，對不對？做人不要太斤斤計較，也不要忘本，不然你出事的時候就沒有人願意幫你了。」

「好啦，我又不是說不讓你邀請他們，只是幫你看好錢包嘛！」坤儀覺得自己好心沒好報，忍不住耍起脾氣。

瑞麟沒有辯駁，只是默默低頭檢查名單。他明白沉默是金的道理，特別是面對性格剛強的坤儀，最好的相處方式就是避免正面衝突。

過了一會，瑞麟主動說：「阿儀，不好意思，名單的事麻煩你了。」其實坤儀已經消氣了，她接過名單，「我知道你不想失禮，我們再檢查一次吧。呀，記得不要漏了姚太太和胡太太！」

「放心，我不會忘了她們的。她們可是我的大恩人。」瑞麟聽到外面的工人在大喊，便對坤儀說，「我出去看看。」

有幾個工人正在一樓的陳列室外面安裝公司的招牌。他們見瑞麟走出來，馬上跟他打招呼。

「師傅，完成了嗎？」瑞麟問。

「謝先生，這邊已經完成了。待會我們會把剩下的英文字弄上旁邊的牆。」領班指著地上一塊塊的金漆英文字母。

瑞麟謝過工人後，仍然佇立原地，仰頭凝望「謝瑞麟珠寶手藝有限公司」幾個大字。他想起以前別人以為他是謝瑞麟的兒子的笑話，又想到轉眼間自己已經是三個孩子的父親了。他覺得眼前的一切顯得有點不真實，他沒有想過自己真的會成功。「我這樣的一個窮小子，居然也有出頭天！」

最令瑞麟安慰和自豪的是有了這間公司，他就能讓孩子過上好的生活，不用像他一樣為了生計終日膽戰心驚。「我起碼可以給孩子們留下一點東西，他們不用像我一樣從零開始。以前我沒有的，我希望他們都會有。」對瑞麟而言，這間公司不單是他個人努力的結晶，也是謝家上下的命脈。

宴會當天，公司門口擺滿了花籃。賓客如雲，瑞麟的舊雨新知相聚一堂，場面熱鬧非常。為了隆重其事，瑞麟還特意穿上坤儀為他挑選的一襲全新的西裝。夫婦倆殷切地招呼著每一位到賀的客人。在一張張的大合照中，瑞麟的臉上始終如一地掛著自然和自信的笑容。

*

建立有限公司後，瑞麟並沒有減慢工場發展的步伐，反而更加積極開拓新的業務。瑞麟的工場雖然受惠於六七暴動而快速擴張，但這同時也製造了新的問題。員工數目的暴增意味著瑞麟需要找到更多的訂單去滿足師傅的需求。為了確保貨源和保障員工的收入，即使沒有相應的訂單，瑞麟也會讓員工繼續生產。珠寶零售業有淡旺季之分，加工場的訂單數目自然會跟隨零售業的市道波動。一年中大概有三個月是淡季，通常是春節後和暑假期間。淡季的時候，如果不夠訂單怎麼辦？瑞麟會吩咐員工先把首飾的模板製造好。待淡季過後，瑞麟便會向零售商展示這些模板，說服他們下訂單為首飾進行加工鑲嵌。這種以生產為主導的經營模式雖然能夠協助工場留住員工和維持生產力，卻令工場的積貨越來越多，削弱了工場的現金流。瑞麟非常明白，如果他再不及時開拓新的業務渠道，工場早晚會因捱不住而關門大吉。

幸運的是，瑞麟不久後就遇到救星。

這天早上，瑞麟如常在工場監導員工的進度。快到十一時的時候，他瞟了一下掛在牆上正中央的時鐘，心裡想著，「時間差不多了，他們也應該快到了。」

一刻鐘後，瑞麟聽到門鈴聲，便馬上急步走去應門。門外站了四個穿西裝的男人，其中兩個是外國人。

「陳先生，你好！今天又要辛苦你了！」瑞麟跟一個看似是領頭的人親切地打招呼。

那人站在瑞麟和兩個外國人中間說：「早呀，謝先生，今天也拜託了。我來介紹，這位是 Mr. Thomson，這位是 Mr. Smith。」。

「Hello，你好！」瑞麟趨前與 Thomson 和 Smith 先生握手。

瑞麟接著跟陳先生說：「貨板已經準備好了，請跟我來。」他又轉身跟另一員工說：「阿權，快叫豪仔過來幫忙！」

陳先生其實是香港貿易發展局的員工。他的工作主要是協助外商在香港尋找相關及合適的原料供應商和加工場。當時，有不少外商對香港的珠寶加工場感興趣，陳先生便作為中間人，帶領他們拜訪工場。瑞麟的工場已經發展成熟，在行內的名氣頗大。陳先生因此與瑞麟建立了關係，不時會介紹一些外商來參觀瑞麟的工場。

Thomson 和 Smith 看來對瑞麟的貨品非常感興趣，他們頻頻說，「nice!」、「great!」、「good, good, good」。瑞麟其實聽不

懂他們在說什麼，但仍然努力地用身體語言去表達貨品的品質非常好。趁 Thomson 和 Smith 倆人自己在商量的空檔，陳先生走到瑞麟的身邊。

「謝先生，其實今天我是有事情想跟你說。」

「怎麼了，陳先生？」

「你有興趣去美國參加展覽嗎？」

「呀？什麼？我聽不明白。」瑞麟顯然非常驚訝，他完全不明白陳先生這葫蘆裡到底賣的什麼藥。

「不好意思，這樣問有點唐突。我應該先跟你解釋一下背景。是這樣的，政府想推動香港的出口，讓製造業可以與世界接口。我們覺得香港的珠寶加工是有競爭力的。商會最近想組團去紐約參加國際珠寶展。這是個很好的宣傳機會，所以我想問一下你會不會有興趣參加。」

「我們的工場嗎？我們有這個能力嗎？」

「當然有！我們是希望選一些有代表性的公司去參加展覽。我覺得你應該嘗試一下。畢竟那是紐約，世界的中心。想像一下，你可以把貨品向世界各地的人展示。」

「如果可以參展的話，那當然是我們莫大的光榮！」

「如果你有興趣的話，我可以做中間人，穿針引線。」

「我當然有興趣！請務必幫忙！」瑞麟不假思索就答應了陳先生的參展邀請。對瑞麟而言，這是千載難逢的機會。

「好！我這就當真了啊。掌握具體情況後，我會儘快告訴你的。」陳先生是一個行動派的人，不喜歡拖拖拉拉。這點跟瑞麟很像，所以倆人特別投緣。

瑞麟把參展的決定告訴高層員工後，大家的反應不一。有些人跟瑞麟一樣興奮，覺得可以作為香港的代表去海外參展對公司而言是很好的宣傳機會，同時又可以直接拿下海外的訂單。但有一些員工卻對瑞麟的決定感到憂慮。他們當然明白箇中的好處，只是他們擔心公司是否有能力涉足出口。

「老闆，出口是個很複雜的業務，沒有那麼簡單。我們真的做得來嗎？先不說其他的，我們做工場的大多沒怎麼唸過書，英文只是懂得說「哈佬」、「拜拜」和「釘橋」，怎樣跟鬼佬溝通？」其中一個員工犯顏直諫，直接向瑞麟表達他的憂慮。

「阿明，你說的都是有道理的。只是，如果按照你所說，我們豈非只能一輩子原地停留，永遠局限做本地加工？」瑞麟認真地回應。

阿明沒有被說服，「但總不能太冒進去做一些我們完全不懂的事吧？做出口的話，要經常飛來飛去，風險又大。老闆，我只是怕到時候賺不了，還虧大本呢！」

「凡事都是一個不定數，不是嗎？我一開始也不見得知道怎樣經營工場，不也是賭一下，剛好賭贏了？我知道做出口不簡單，但我們可以找有經驗的人來幫忙，對不對？我不懂英文沒問題，就找一些懂得英文的夥計幫忙就行了。例如阿豪的英文就很不錯。多找幾個懂英文的夥計一塊去美國不就可以解決問題了嗎？」

瑞麟見阿明沒有馬上反駁，接著說：「我們就試一下吧，不嘗試又怎麼知道不行呢？我覺得這是很大的機會。一張出口訂單不可能只要我們造十枚戒指啊，一次交易起碼涉及幾百件貨。你想一想，那個額度是多大。」

阿明心裡明白出口業務的規模不是本地加工可以比擬的，只是他對外面的未知世界感到恐懼。他知道瑞麟的脾性，當他興致勃勃想要做某些新嘗試的時候，是很難說服他打消念頭的。「好吧，我明白了，就試一下吧。」阿明覺得既然瑞麟勢在必行，他可以做的就是盡量配合把事情做好。

「謝謝大家的理解！接下來就要辛苦大家了，我們要趕工做貨帶去美國，時間非常有限！我們的現金也不夠買料，我會負責張羅的，這個大家就不用擔心，好好專心做貨。」

接下來的一段時間，瑞麟東奔西跑，聯絡了許多不同的親友、客戶和行家，最終借到幾十萬的資金。工場亦進入瘋狂的生產狀態，全員上下為了準備參展而日以繼夜地工作。瑞麟又特意帶員工去廣東道一帶搜購玉器、古玩和臉譜等。有員工不明所以，問瑞麟：「老闆，我們買這些東西幹嘛了？我們不是做珠寶加工的嗎？」

瑞麟說：「我們這次去參展，最重要就是要把貨全部賣光，不要虧。那些美國佬喜歡與中國有關的東西，當然要帶一點有中國特色的紀念品過去賣。我們這邊買很便宜，賣給他們可以賣高好幾倍價錢呢。」

這位年輕的員工還不識趣地繼續追問：「但我們不是賣珠寶的嗎？」

瑞麟有點不耐煩地說：「唉，你這小伙子真是的，怎麼都不懂得變通？我們做生意，最重要是看市場，看客戶要什麼。別人喜歡什麼，你就賣什麼。要靈活一點，對不對？」

員工點點頭說：「哦，哦，知道了老闆！我知道過兩個街口的小巷裡好像有一家小店蠻不錯的，我們去看看好嗎？」

「好，你帶路吧！」

在航班出發前的一天，瑞麟仍然在工場裡忙個不停。工場的員工有的忙著作最後的生產衝刺，有的則忙著包裝貨物。瑞麟沒有睡覺就直接從工場提著總值超過 100 萬元的貨品趕往機場。他的環球冒險之旅就在一片混亂中匆匆展開了。

第十二章 ｜ 環球冒險

瑞麟在飛機上完全睡不著。

這是他第一次去美國，自然對接下來的冒險感到既興奮又緊張。但其實他的不安遠遠大於期待。他不停東想西想：「自己到底有沒有忘記一些什麼重要的東西？」、「那些貨安不安全，會不會給人偷了？」、「那些外國人會買我的貨嗎？」、「如果他們不感興趣，該怎麼辦？」雖然瑞麟堅定地認為機不可失，無論怎樣都應該參加這次展覽，但這不代表他完全沒有後顧之憂。為了參展，他幾乎押上了所有的資金，還借了很多錢，真的是不成功便成仁。在這樣的壓力下，瑞麟根本無法讓自己平靜下來，滿腦子只是塞滿了各式各樣的問題和疑慮。

抵達紐約後，因為時差和壓力，瑞麟又渡過了無眠的一個晚上。展覽會當日一早，瑞麟就與其他六間香港珠寶公司及香港珠寶玉石廠商會的代表到達會場布置。瑞麟雖然好幾天沒有睡覺，但來到展場後，便馬上亢奮起來，鬥志充沛。雖然香港代表團包含了不同的公司，但可能因為身處異地，成員之間沒有惡性競爭，反而守望相助，相處融洽。大家的目標都非常清晰：把貨物賣光、把招牌擦亮。展覽會正式開始時，香港的代表們已經整裝待發，準備大展拳腳。

然而現實往往與期望相距甚遠。

瑞麟他們站了整整一天，卻完全沒有接到訂單或者賣到貨。雖然他們還在試圖擠出笑容，盡最後的努力吸引客戶，但他們心知肚明今天準要空手而回，臉上的失望之情也顯露無遺。回到酒店後，大家都沒有心情聊天，便徑自返回房間休息。瑞麟當然也感到很不是味兒。這一天晚上，他繼續失眠。

翌日，瑞麟是代表團中最早到達會場的一個。經歷了數天的身心折磨，其實瑞麟早已經疲憊不堪了。只是他覺得，意志消沉也解決不了問題，倒不如抖擻精神，力挽狂瀾。其他成員也陸續到達會場。明顯地，他們已經喪失了昨日的光彩，儼如吃了敗仗的士兵一樣。

瑞麟忍不住說：「喂，大家精神一點吧！」

「昨天一件貨都沒有賣出，怎麼能有精神？都不知道走什麼霉運！」其中一個成員不斷抱怨。

另一個成員煞有介事地說：「大家仔細聽我的。我告訴你們啊，我昨天回酒店以後，占了一個卦⋯⋯」

大家都很好奇，馬上圍著他，逼他快點說清楚占卜的結果。

「你們不要心急！聽我說，我們今天會遇到奇怪的事。」

「那之後呢？快點說重點啦，不要在這裡賣關子！」大家不停抗議。

「天機不可洩漏，總之我們到最後可以逢凶化吉。」

大伙聽了之後，雖然嘴上盡說著「都不知道他是不是胡扯！」之類的話，但心裡卻祈求他說的都是真的。不知道是否心理作用的影響，接下來大家好像都拾回鬥志，重新振作。而這天的情況的確比前一天好多了。他們陸續賣出一些商品，也開始有買家主動與他們聯繫，探索合作的可能性。

午飯休息的時候，瑞麟他們不禁讚嘆那位「神算子」的功力。其實代表團一行人在前一天的努力並不是白費的。有不少買家在頭一天只是做市場調查，稍為巡視一下展場瞭解情況，到第二天的時候才開始出擊。第一天的時候，香港的公司其實已經吸引到一些買家的關注。當瑞麟他們正在聊天的時候，突然有一個體格魁梧的外國人走到攤位前。對香港的代表而言，只要不是亞洲人的外表，他們一律都把他們當成是「鬼佬」。

那位外國人說了一大堆話，但是香港代表中懂英語的也無法真的理解他在說什麼。大家比手劃腳溝通了好一段時間，只見外國人不停在商品上誇張地指來指去，卻又一時難以從肢體語言瞭解他的意圖。最後他們總算理解外國人是想買下全部的貨，但是要到明天才能過來取貨。外國人再說了一堆話後就走了，沒有留下任何訂金。瑞麟他們瞬間的反應是驚大於喜。如果這位客人真的買下所有貨，自然皆大歡喜。問題是他又沒有留下什麼，口說無憑，瑞麟他們都不知道是否應該相信他。明天就是展覽最後一天，這位客人很有可能是瑞麟他們最後的機會。到底他會否遵守諾言出現？瑞麟整晚都無法安眠，他不停想著這個問題。

翌日，香港代表一行人一直坐立不安。他們不停向四周張望，希望可以捕捉到那位客人的身影。

「啊！是他！」其中一人大叫。

「哪個？哪裡？」其他人甫望向他指著的方向。

「寶藍色西裝那個。」

「不是他吧？我記得他的鬍子比較長。」

「是嗎？但很像他啊？」

因為他們只能看到那個人的側面，所以無法肯定。待確認了他的正面後，大家幾乎都確定那位先生並不是他們正在等待的人。連續幾次他們都空歡喜一場。

正當眾人開始感到絕望時，救星終於出現了。昨天那位客人緩緩地朝攤位走來，他身邊還多了兩個助手之類的人。瑞麟他們非常興奮，馬上熱情地與客人打招呼。他亦遵守承諾，即場付款買貨，把貨品都取走。香港代表終於可以鬆一口氣。

大伙在離開美國前特意大肆慶祝一番。這幾天以來，香港代表一行人一直為了展覽的事而擔憂得茶飯不思。展覽最後得以圓滿告終，大伙在席上都吃得特別暢快，喝得特別舒懷。

瑞麟沒有空暇留在美國遊玩，他還得趕回香港處理工場的事務。飛機準備降落香港的時候，瑞麟看著窗外的燈火，覺得過去幾天就像發了一場很漫長的夢一樣。包括之前曾經反對瑞麟參展的阿明在內，幾位員工一起開車送瑞麟回家。在車上，瑞麟不停回想過去一段日子的經歷。

下車後，阿明對瑞麟說：「老闆，今晚好好休息吧，過去幾天辛苦了！恭喜你成功！」

瑞麟聽到後，一時感觸流下淚來。瑞麟不是沒有經歷過風浪，之前很苦的日子他都能咬緊牙關捱過。只是這一次他感受到非比尋常的壓力。為了參展，他押上了 100 多萬元，這是很大的數目。如果失敗了，公司一定會倒閉，這意味著所有員工都會因為他的失誤而丟飯碗。對瑞麟來說，這是無比巨大的責任。他不再是一個孤獨的窮小子。他是老闆，他有戰友和幾百個夥計需要照顧。他的決定足以影響其他人的命運。

瑞麟哽咽地說：「謝謝你們，沒有了你們，我真的不知道會怎樣。」為了配合參展，公司的員工在過去一段日子無怨無悔地加班趕工。瑞麟覺得員工的支持是他在外面拼搏時的最大的後盾。

阿明和其他員工聽到瑞麟的話，也忍不住哭起來，幾個人抱著哭成一團。成功的確是由許多的血淚交織而成。

*

參展成功後，瑞麟繼續馬不停蹄地積極拓展公司的出口業務。也不知道是瑞麟好運抑或他眼光獨到，他決定開拓海外市場的時候，正值香港整體的出口貿易處於蓬勃發展的階段。

1970 年代見證了香港社會由貧轉富、由亂轉安的變遷過程。在這段時期，香港的經濟發展急劇，財富增加，人民生活水平顯著提升。香港的製造業進入鼎盛期。大量商品，特別是衣服及玩具，紛紛出口至歐美等發達國家。

不同的政治、社會及經濟因素使香港的經濟得以在這段時期急速發展。在國際關係層面上，冷戰有漸漸緩和的趨勢。中國也慢慢打破自我隔離的狀態，開始與西方世界展開對話。1971 年聯合國承認中國為正式成員。1972 年，美國總統尼克遜訪問中國。這些事件均使中西關係漸漸得以正常化。香港內部的政治局勢也轉趨穩定。六七暴動後，港英政府開始推行改革，並實施一系列改善政府形象的措施，希望籠絡民心，把市民的注意力從政治轉移至商業及經濟發展上。

香港貿易發展局便是政府於 1966 年設立的組織。它扮演著香港大使的角色，旨在協助香港的中小企業拓展海外市場，推廣香港的出口貿易。對業界而言，貿發局是他們連接世界的一扇窗戶。一般的廠家根本沒有資源、人脈、訊息和平臺接觸到外國買家。就像瑞麟那樣，如果沒有貿發局的引薦，根本不會有機會踏上國際舞臺。所以他一直對貿發局心存感激。誠然，貿發局擔當了重要的中間人角色，但業界本身也需要有實力才能獲得成功。

香港製造業及出口的成功很大程度是基於低廉的人工及高效率的生產。以珠寶加工為例，這段時期的珠寶製造仍然以人手製作為主，所以人工是很重要的成本。因為人工低，香港製造加工珠寶首飾的價格自然也比較便宜，因此受到外國買家的青睞。在外國買家眼中，香港製造的珠寶的品質自然不能與歐洲相提並論，但卻是中低價位市場的首選。美國和歐洲是香港珠寶出口的最主要市場。特別是尼克遜訪華前後，美國更是掀起了一陣中國風，與中國相關的商品在當地大受歡迎。

*

瑞麟的出口客戶也是以美國人為主。自從參展之後，美國對瑞麟而言已經不是陌生的國度。經營出口意味著瑞麟跳過中間人，直接與海外客戶接洽。

在起步階段，瑞麟需要親身飛往不同國家與買家和原料供應商見面。每次出發去美國的時候，瑞麟必定會帶上幾個員工。他們各有所長，有的負責開車，有的則負責翻譯等工作。然而，他們最重要的任務則是好好看管貨品。出口的數量和金額比本地加工要高很多，瑞麟每次去美國都會帶上幾百件貨品，價值起碼幾百萬元。瑞麟一行人就像會走路的金礦一樣。不難想像，稍有不慎就很容易人財兩失。所以瑞麟每次出行前都會買重保險，以防萬一。但百密一疏，意外還是無法避免。

有一次，瑞麟與員工們開車去唐人街吃飯。他們都吃不慣西餐，因此如果可以的話都會盡量去中餐館吃飯。他們最後選擇在一間麵館用膳。車子就泊在餐廳外面，而貨品全都擱在車裡。開車的員工確定車門已經鎖上後才跟隨瑞麟他們走進麵館。因為還要趕著去賣貨，也擔心貨品放在外面會不安全，瑞麟他們都吃得很快，不消半個小時就已經吃完結帳。誰知道一走出餐廳，就發現泊車的位置空空如也。就算瑞麟他們已經坐在門口附近以便監視外面的情況，盜賊還是有辦法在沒有人察覺的情況下把車開走。

瑞麟和員工們一開始都反應不過來，只是呆在原地，四處張望。待麵館的老闆提醒他們得趕快去報警時，他們才回過神來。瑞麟他們馬上截停了一輛計程車趕往警署報案。然而警察卻告訴瑞麟他們不要抱有太大期望。

「說真的，偷竊搶劫這些事每天都有好幾十樁，特別是在唐人街。」他平淡地說。「可以尋回的機會微乎其微。」

因為貨品全都在車上，瑞麟他們不得不中止行程返回香港。最後，貨品當然沒有尋回，而保險公司也只是賠償了貨品的一半金額。瑞麟因為見財化水，感到很鬱悶。但一些同行的友人卻認為他已經走運了。

「謝記，我說啊，你只是不見了貨而已，算是很幸運了！」其中一位行家說。

「那個不是小數目啊！保險公司只是賠了一半，唉，真的是血本無歸！」

「走出口是很凶險的。你知道嗎，林記比你早去美國，他倒楣得多了。他給人搶過幾次。大白天，就在大街上。一班哥倫比亞人不知道從哪裡鑽出來，直接用槍指著他和員工的頭。哈，我可不是嚇唬你。老兄，在美國做生意是有危險的，你要有這個心理準備。」

聽完別人的經歷後，瑞麟頻呼好險：「那我這也真的算是不幸中之大幸了。起碼我沒有給人搶，身體也絲毫無損。」

「不過，我不是叫你不要繼續去。所謂富貴險中求，有時候總得冒險才能發財。我只想提醒你以後要加倍小心。如果遇到危險，自己的人身安全是最重要的。錢呀、貨呀就通通給賊人好了。丟了小命，你賺多多的錢也沒有用。」

「對，你說得對。我會注意的了。」

瑞麟未有被這次意外嚇退，仍繼續努力在美國拓展客戶網絡。瑞麟一行人每次去美國，一待就起碼得一個月左右，通常等貨賣出八、九成左右才會打道回港。因為不諳英語，瑞麟不得不依賴員工的幫忙。很多時候為了省時間，員工會直接代瑞麟與客戶溝通，所以其實瑞麟根本不清楚他們之間的對話內容。到要決定價錢的時候，瑞麟就會用筆把數字寫下來。其實這對瑞麟也造成無形的壓力。每次與客戶商談的時候，瑞麟總會被間接地排除在外，無法掌握具體的情況。不過他覺得，既然自己需要依靠員工，就必須信任他們。所以他還是盡量賦予員工自由，不會過分干涉他們與客戶之間的溝通。

問題是瑞麟他們人地兩疏，是如何招攬客人呢？他們唯一可以做的就是主動出擊，挨家挨戶推銷自己的貨品。通常瑞麟一行人會先飛抵紐約，參加展覽和與客戶見面。之後他們就會開車去其他的城市尋覓機會。每到達一個城市，瑞麟他們就會四處碰運氣，一邊開車一邊留意沿路是否有珠寶店。一看到珠寶店，他們就會下車，直接拿著一些貨品走進珠寶店向負責人兜售。只要珠寶店的人願意買下貨品，不管是一件還是五十件，瑞麟都會非常開心。對他來說，最重要的就是把貨賣光。

有些店東十分熱情，買了貨後，還邀請瑞麟去他們的家作客，並介紹鄰居和朋友過來看貨。有些店東卻對他們這些不速之客毫不客氣，比較斯文的會請他們離開，暴躁的會叫他們滾蛋，甚至威脅要打他們。一見勢色不對勁，瑞麟他們便會馬上跑回車內，把車開往別處。一開始，瑞麟和員工們會覺得有點難受，但後來已經慢慢習慣了這種模式。

「這裡不行，我們就去別處，又不是只有這一家珠寶店。」瑞麟告訴員工。「別人以為我們經常出國跑，今天去羅省，後天去聖地牙哥，就像冒險家一樣。很浪漫對吧。哈哈，我說現實中這叫做沿門托缽，就像和尚一樣四處乞食。別人喜歡就給你點菜，不喜歡就趕你走。有苦自己知，辛苦你們了。」瑞麟總是這樣調侃自己。

*

瑞麟的海外冒險不僅僅局限於美國。從事出口除了製作生產貨品外，也要負責原料採購。印度是瑞麟採購鑽石的首選之地。其實瑞麟也有去過南非進行採購，只是南非雖然出產鑽石，但貨源大多被一兩間公司壟斷了，剩下的選擇很少。而以色列等地加工的鑽石雖然品質高，價格卻非常昂貴。由於客戶需要的不是高檔次的珠寶，對瑞麟而言，挑選那麼貴價的原料並不符合經濟效益。印度加工的鑽石通常手工比較粗糙，但價錢相宜，而且體積比較細小，適合製造出口貨。

去印度買料不比去美國賣貨容易，並不是說有錢就自然有人願意跟你做生意，沒有人脈的話根本沒有可能買到貨。瑞麟深諳這個道理。他從未去過印度，對當地的情況一竅不通。他只是聽說那邊的鑽石比較便宜。於是，瑞麟到處請託，希望有人能夠指引明燈，作為他在印度的嚮導。最後瑞麟果然得到一位朋友解囊相助，不但帶他到訪印度，引薦他給當地的供應商認識，還借錢給他買鑽石。一張出口訂單的周期大約幾個月；換言之，瑞麟需要等很長時間才能收回款項，所以他一直很缺現金。

在朋友的介紹下，瑞麟與員工很快就與當地的供應商建立了關係。供應商對瑞麟一行人很友善，還會特意擺放一些鮮花在瑞麟他們的房間以示歡迎，又會為他們外出買飯盒。瑞麟也如願地買到了需要的鑽石。由於供應商會把一粒粒的鑽石放進煙盒裡賣給瑞麟，因此回到香港時，瑞麟還要特地向海關解釋他們帶回來的一排排的並不是香煙而是鑽石！

瑞麟收到現金後，馬上連本帶利把錢還給帶他去印度的朋友。對瑞麟而言，有借有還才能獲得朋友和客戶的幫忙和信任。其實還有一個人給了瑞麟很大的方便，他就是巴黎銀行的鄭經理。瑞麟與鄭經理熟稔，當瑞麟準備再次前往印度時，他就請鄭經理幫忙撰寫一封信函，證明公司的存款金額。到了印度與供應商談的時候，瑞麟便會出示銀行的信函。供應商看到銀行發出的證明後，通常會願意先賣料給瑞麟，不用他當場付錢，之後他們才會向銀行寄信要求瑞麟付款。如此一來瑞麟就可以解決缺乏現金的問題。瑞麟可以得到銀行的支持，在很大程度上是因為他與鄭經理之間的個人關係。後來，鄭經理因為胃癌而離世，瑞麟自此便甚少與那間銀行往來了。

正當瑞麟為了出口業務而東奔西跑的時候，香港的工場卻又出現了嚴重的問題，急需他應對處理。

第十三章｜旅遊熱潮

「阿明，香港這邊怎樣了？公司有沒有出什麼狀況？」

瑞麟剛從美國飛回香港。他在閘口與前來接機的員工碰面後，便急不可待地詢問他公司的情況。

「老闆，有麻煩找上門。消防那邊的人已經來了幾次，他們說要我們馬上停工，否則就會告我們。」

瑞麟深深嘆了一口氣。「他們怎麼老是不放過我。我都已經搬了一次。這樣不是要把我趕盡殺絕嗎？你怎樣應付他們？」

「我說老闆不在香港，我們做小的也做不了決定，請他們寬限幾天。」瑞麟走得很快，阿明幾乎要用跑的才能跟上他，他一邊說話一邊喘氣。

「嗯，先不要管他們。還有幾批貨需要趕製出來給客戶。」瑞麟怒氣沖沖地說。

瑞麟之前因為收到政府的警告，不得在住宅單位進行工業活動，只好把工場從立誠大廈遷至恆星樓。瑞麟以為這樣就可以解決問題。畢竟在立誠大廈的時候，他只是租戶，但他覺得自己在恆星樓的單位可是他用真金白銀買的。既然是他的物業，那為什麼不可以用那些單位來經營工場？加上很多工場其實都是這樣運作的，為什麼政府偏偏要針對他？

後來，消防署的人的確又再找上門來。就像以前一樣，瑞麟被警告後，就叫員工停工幾天，然後又再復工。但政府並沒有因此而放過瑞麟，反而更加嚴厲處理，向他寄出好幾封警告信。瑞麟沒有理會，只是以拖字訣對待。然而，瑞麟最終鬥不過政府。政府以瑞麟違反地契為由，向他發出收樓令，迫令工場遷出該樓宇。

政府這一招把瑞麟逼急了。當日宴請親朋好友蒞臨慶祝公司成立的片段仍然歷歷在目，誰料到馬上就要被迫放棄這個大本營。為工場另覓新居一事令瑞麟非常頭痛。經歷兩次逼遷事件後，瑞麟不得不妥協。他知道以後他必須把工場遷移至工業大廈裡才能避免政府的騷擾。他一直希望能把工場留在尖沙咀。這裡是遊客區，也是珠寶店的集中地，是非常理想的位置。問題是，尖沙咀一帶以住宅樓宇居多，實在沒有合適的地方可以容納瑞麟的工場。

最後，瑞麟只好放棄尖沙咀，而把工場遷往鄰近的紅磡區。瑞麟看中了位於馬頭圍道的義達工業大廈。於是他買下大廈八樓的單位充當工場，面積達 1 萬多呎。

瑞麟選擇紅磡的原因純粹是因為它毗連尖沙咀。與尖沙咀不同，紅磡是工業區，最為人熟悉的是黃埔船塢、青洲英泥廠和中華電力發電廠等大型工廠。差館里那邊有一間歷史久遠的觀音廟，也可以說是紅磡的地標之一。二戰時，日軍多次轟炸紅磡，觀音廟兩旁的建築皆受到嚴重破壞，也造成巨大傷亡。神奇的是觀音廟本身卻絲毫無損。於是大家認定了觀音廟的確是有神靈庇佑的。

瑞麟小時候親身經歷了日軍在九龍一帶的轟炸，當然聽聞過這軼事。把工場搬到義達後，瑞麟更特意前來觀音廟參拜。他誠心祝願：「希望觀音菩薩保佑工場一切順順利利，希望這裡以後就是我們的歸宿。」沒想到瑞麟一語成真，三十多年後，公司的大本營依然在紅磡區。

*

雖然說紅磡毗鄰尖沙咀，但來回兩地始終有一點距離，不及以往在尖沙咀方便。於是瑞麟加緊發展批發生意，主動出擊向珠寶店兜售存貨。以往工場只是負責加工和生產，開拓批發部門意味著工場同時需要兼顧「銷售」的部分，不過對象不是最終的消費者而是零售商而已。除了招募新的員工外，瑞麟又把一些本來的員工調往批發部。其中黃輝便是由打金師傅轉為行街的員工之一。行街與打金師傅不一樣，並不是按件或按時支薪，他們的收入主要來源是佣金。當然，瑞麟會發給他們一點底薪，但如果單靠底薪的話，根本不足以維生，所以行街要拼命拉生意增加收入。

雖然收入不穩定，但如果有能力接到訂單的話，行街賺到的佣金足以讓他們過上大魚大肉的好日子。

即使瑞麟開拓了批發及出口的業務，仍未能完全解決存貨囤積的問題。另一邊廂，工場搬到義達後，面積一下子大了很多，很多地方空置著，並沒有被好好利用。瑞麟整天都在為了這兩個問題而傷腦筋，卻苦無對策。「到底有什麼一石二鳥的方法呢？」瑞麟不停地想。

在一次偶然的機會下，瑞麟突獲靈感。

那時候，瑞麟一位經營旅行社的朋友過來探望他，順道參觀了他的新工場。那位朋友跟瑞麟說想要看看珠寶製作的過程。瑞麟非常爽快地答應了，還親自對他解釋了每一個工序。瑞麟見朋友對珠寶很有興趣，看得非常投入，便又給他看了一些貨板。參觀後，瑞麟與他一起去附近的酒樓吃午飯。

「我們的出品不錯吧？你有空就介紹一些客人過來吧。」瑞麟開玩笑地說道。

「嗯，我覺得很有意思。我在想，是不是真的可以介紹一些旅客過來呢？」林先生認真地說。

「我開玩笑而已啦，怎會有旅客願意過來這裡？以前在尖沙咀還有一點可能。紅磡沒有任何景點，只有工廠！」

「他們當然不會自己找上門。但如果有人帶領就不同了。」

「你有什麼想法嗎？」瑞麟急切地問。

「我覺得你可以嘗試做旅客的生意。我看你們的貨洋裝味都比較強，旅客應該會喜歡。你們做出口的，客人本來都是外國人。出口的話，是你帶貨出國。做旅客生意，就是外國的人過來買你的貨。其實都是同一樣的東西。」

「對，我完全明白，我覺得可以做！我還在發愁，不知道要怎樣利用多餘的空間呢。那我可以建一個陳列室，專門招待客人。客源方面，我們可以與你們合作。」瑞麟興奮地說。

「嗯嗯，正是這樣。我們通常負責接待外國的旅行團，可以在行程上安排參觀珠寶製作工場。如果是散客的話，我們也可以派一個領隊，帶他們過來。」

「但我要給你們多少報酬？」瑞麟問。

「你就給我們佣金，之前說好一個價錢。我們跟其他商店都是這樣合作的。通常按人數和銷售額而定吧。細節我們可以再慢慢談。如果你有興趣做旅客生意，我給你介紹一些行家，大家之後多多合作，互惠互利。」

「我當然有興趣。我不太熟悉旅遊業的情況，也沒有什麼人脈。如果你可以介紹朋友給我認識，那當然是好極了！林先生，我說啊，今天你真的令我茅塞頓開。我突然想通了很多事。這頓飯你不要跟我爭，我來請客。下次我再請你吃頓好的。」

「謝先生，那怎麼講得過去？我今天已經打擾了你那麼多時間。好吧，我就恭敬不如從命。但下一次你可不能再跟我搶了啊。我回去以後給一些相熟的行家打個電話，大家一起吃個飯吧。」

瑞麟馬上招兵買馬，聘請有經驗的人回來幫忙建立陳列室和與旅行社打交道。其實瑞麟也不肯定這主意是否真的可行，畢竟他沒有相關的經驗，但他感覺這是一個很大的商機，因此願意放手一搏。開設陳列室除瞭解決工場多餘空間和存貨的問題外，更重要的是可以為公司帶來現金收入。陳列室就是一個變相的零售點，零售所得的利潤絕對比加工和出口高。

陳列室的經營必須得到旅遊業界的配合，外行人很難理解和駕馭其中錯綜複雜的關係。瑞麟本來已經忙得不可交加，根本不可能兼顧陳列室的業務，所以他只得依賴手下的員工幫忙管理。當中又以業務推廣員的角色最為重要。他們需要負責與旅行社的老闆、經理及導遊建立好的關係。如果沒有他們的配合，根本就不會有旅客上門。而與他們的關係好的話，他們自然會更加賣力幫忙推銷產品。為了拉生意，推廣員除了請客戶吃飯喝酒，還得陪他們打麻雀和請他們上舞廳和夜總會。

瑞麟很少干涉下屬的做事方式，他重視的是最終的成果。陳列室的總管曾經要求瑞麟提高應酬費用的預算和佣金，他都大方答應。「條件是你們要拿取成績來。」瑞麟說，「我明白交朋友嘛，不能吝嗇。斤斤計較的話誰要跟你做朋友？我也不想我的夥計出去見人的時候給人感覺寒酸。那很丟臉，對不對？你們有你們的一套。對我來說，你們是行家，是專家，你們比我更明白怎樣才能把這盤生意弄大。我看重的是錢花得有效果。錢花了以後效益可以翻倍的話，多少我都願意給。但如果是白花的，那一毛錢都不應該花，對不對？」

結果，陳列室的生意比預期中更好，幾乎沒有一個旅客是空手而回的。瑞麟又一次證明了自己的眼光。

*

瑞麟的陳列室以旅客為銷售對象，業務的成功主要是受惠於香港旅遊業的發展。

港英政府於 1957 年設立香港旅遊發展協會，專責在海外推廣香港的旅遊業。訪港旅客的數目於 1960 年代開始遞增。1970 年的時候，來港的旅客數目已經衝破 100 萬；1980 年代末的時候，更達 500 萬人次。戰後初期，訪港的旅客主要來自美國及英聯邦地區。1970 年代則以美國、日本及澳洲的旅客居多。其中，日本自 1971 年開始，一直是香港最大的旅客市場，直至 20 年後才被臺灣和其他東南亞地區取代其位置。訪港旅客的來源，漸漸由西方轉移至東方，此趨勢也反映了亞洲地區經濟實力的提升。對於發達國家的旅客而言，香港的物品相對便宜。旅遊發展協會也把香港定位為購物天堂，標榜香港的商品「物超所值」和「價廉物美」。不管是來自歐美、日本或者東南亞的旅客，他們來香港旅遊時最主要的活動就是購物。旅遊業的發展大大推動了香港零售業的擴張。

瑞麟見陳列室的業積相當不錯，訪港的旅客也越來越多，覺得這門生意的潛力很大，希望可以往這方面好好發展。

「你看街上越來越多日本人旅客。雖然現在陳列室已有一個翻譯了，但我覺得不夠，還要多請幾個人專門做日本客的生意。」瑞麟一直盯著車窗外的店舖，話卻是對坐在旁邊的坤儀說的。

「你幫我看一下頭髮有沒有亂了。」坤儀正在忙碌地整理衣裳，根本沒有心情理會瑞麟。她今天穿得非常隆重，身上戴著的項鍊、耳環和首飾配襯得非常好看，看得出來她花了很多心思。

瑞麟瞄了一下說：「沒有亂，很好，很美。」

「你不要敷衍我，認真點看！我可不想出醜，你也不想在兄弟的婚禮上丟臉吧。」坤儀不滿地說。

瑞麟無可奈何，只得認真地檢查一次，又稍為幫坤儀整理了一下。「行了，沒有問題。」

其實瑞麟和坤儀正在趕赴黃輝的婚宴。黃輝已經跟隨瑞麟十餘年，一直忠心耿耿。瑞麟也把黃輝視為手足，視他如親弟弟般照顧。籌備婚宴需要不少錢，瑞麟見黃輝財政上有困難，二話不說馬上借錢給他應急。可想而知，瑞麟夫婦對黃輝而言是非常重要的賓客。

瑞麟見汽車一直停留原地，便問司機：「阿昌，怎麼車子都不動了？」

「老闆，前面可能有交通意外，車子都停住了。」

「那怎麼辦？還要多久？我們可不能遲到啦！」瑞麟焦急地說。瑞麟非常重視時間觀念，最不能容忍的就是遲到。

「應該沒有問題的。快到隧道口了，過了隧道很快就能到達目的地了。」司機嘗試安撫瑞麟。

沒有辦法，瑞麟只能憋著一股悶氣，翻閱報章打發時間。

他看到一則有關富翁淪為小販的新聞，不禁想到這幾年社會其實發生了不少大事。先是有新的港督上任，麥理浩說要好好建設香港，幫助窮苦大眾。大家對這個高個子半信半疑，其實民眾不奢求什麼，只求民生安定。1972 年，連接香港和九龍的海底隧道正式通車，震撼整個社會。一直以來，人們都只能靠水路來往港九，現在卻能坐車穿過海底，實在是非常奇妙的事。1973 年，國際爆發石油危機，香港則更嚴重，出現第一次股災。幾個月內，恆指跌了接近七成。不少人因為損失慘重，跳樓自殺。1974 年，麥理浩成立了廉政公署，致力打擊貪污。基層民眾一致拍手叫好。

「這個人真可憐。股災之後失去了一切，老婆跑掉。沒有辦法只能做小販，誰知道在走鬼的時候卻被貨車撞死了！」瑞麟說。

「我也有看到這段新聞。不過我也能理解，炒股其實就好像賭錢一樣，一下子可以賺很多。我有些朋友在市道好的時候真的是魚翅撈飯。哈，如果我有錢，可能我也會去炒！」司機一邊搭話一邊用力踩盡油門。現在路面已經恢復暢通無阻。

幾分鐘後，房車已經到達酒樓門外。瑞麟夫婦下車後，有幾個路人指著車子的「100」號車牌議論紛紛。

「你看，這車牌真特別，真了不起。」

「對喔，一般人拿不到手吧。」

「我猜價值不菲！」

「你猜多少錢？幾萬？ 10 萬？」

「不知道喔，我哪會有概念！」

「100」這車牌是瑞麟特意去拍賣競投而來的，花費大約 20 萬元，與一輛平治房車的價值差不多。瑞麟很喜歡這個車牌，覺得它代表了十全十美的意思。為了紀念，他還特意買了一個古董車的塑膠模型回來，在上面鑲上黃金和白金，製造成一件精美的擺飾，作為工場的活招牌。這也反映了 1970 年代以後，瑞麟已經完全擺脫貧困，開始過上富足的生活。

*

隨著公司身價越來越高，瑞麟與地產發展商的來往也越來越頻繁。其中一個與瑞麟比較相熟的商人是南豐集團的創辦人陳延驊。延驊知道瑞麟想擴展陳列室的業務後，便問他有沒有興趣買下旁邊民裕街興業大廈地下的單位。瑞麟看過單位後有點心動。義達這邊的單位位於八樓，雖然說有導遊領著旅客過來，但畢竟不太方便。如果是地鋪的話，可發揮的機會更大。瑞麟最後決定向延驊買下單位。當時是 1977 年。瑞麟把公司遷入位於民裕街的興業大廈後，不斷買進更多的單位進行擴充，自此興業大廈便成為公司的基地。

瑞麟把興業大廈地下的單位改建成陳列室，大量招聘銷售員。其中有不少銷售員更是精通多國語言。陳列室是經營旅客生意的，自然要配合旅客的需要。不同的旅客對珠寶的品味也不一樣。歐美的旅客喜歡有質感的珠寶，而日本的旅客則喜歡手工精細的首飾，對鑽石的顏色也特別講究。陳列室會因應旅客的喜好售賣相應的貨品。至發展後期，陳列室更會按旅客的來源地而分門別類，有相應的專屬區域招呼特定的旅客。

雖然瑞麟無暇分心監督陳列室的具體營運，但他還是定下了一些基本的方針。以前剛建立工場的時候，瑞麟已經有自己一套的人事管理方式。陳列室與工場不同，它是一個銷售而非生產的平臺，那麼瑞麟又會如何管理員工呢？

瑞麟始終相信以「利誘」的方式去推動員工是最有效的，他覺得只要員工可以賺到錢，自然會努力工作，不用設立太多的規則。一般而言，在陳列室的銷售員會獲得基本的月薪。但跟行街一樣，佣金才是他們最主要的收入來源。為了令員工更賣力，瑞麟仿傚賽車比賽的模式，讓員工按業績「排位出賽」。也就是說，業績最高的銷售員就可以排頭位，最先選擇和接待客人做生意。排頭位的銷售員自然就可以做到更多生意，獲得更高的佣金。

每當瑞麟視察陳列室的業務時，他總會為對銷售員的技巧而讚嘆不已。他發自心底地認為他們有的根本就是天才。他們一眼就可以分辨出不同客人的特性，馬上轉換各種不同的銷售方式。只是，並非每個銷售員都是天才型的。更大一部分的人是靠自身努力不懈而造就出彪炳的「戰績」。

一個叫雄仔的小伙子便是這樣的人。他的哥哥也是瑞麟的員工，在他的介紹下便前來應徵做陳列室的營業員。雄仔為了爭取更多的營業額，寧願不放假，堅持每天上班。一個月下來，他比別人多做五天的工作，業績自然也比別人的高。雄仔很快便成為陳列室的頭號銷售員，吸引了瑞麟的注意。瑞麟欣賞雄仔的幹勁，對他加以提攜。三十多年後，雄仔仍然在陳列室工作。不過，那時候的他已經成為陳列室的領班，是小伙子們崇拜的雄哥。

*

紅磡區當時也有一些珠寶工場，但瑞麟是最早開始經營針對旅客的陳列室業務，並引領了風尚。隨著旅遊業不斷急速發展，訪港的旅行團越來越多，不少珠寶公司也開始效仿瑞麟，競相設立陳列室，專門招待旅客。民裕街一帶漸漸成為珠寶公司的集中地，形成為一條著名的珠寶街。

瑞麟並沒有因為陳列室業務的成功而放緩向前邁進的步伐。當時因為市場需求大，大大小小的珠寶工場都很容易找到生意。

不少工場老闆見可以賺到錢就已經很心滿意足。瑞麟卻總是想提高工場的生產效率，希望賺到更多的利潤。也不知道是因為他的經歷使他缺乏安全感，還是因為他擁有商人獨有的敏銳觸角，瑞麟總是覺得沒有什麼是永恆的。特別是在商業世界，更加需要不停改變，不然就會落後於人，被市場淘汰。

外國的珠寶廠商之間已經開始流行倒模製作技術，可以快速地批量生產規格相同的珠寶。簡單而言，倒模製作的流程首先需要師傅用人手製作一個銀模，然後再以銀模為基礎製造出塑膠模。之後，師傅需要用把蠟注滿塑膠模，再把模剪裁成蠟樹。以戒指為例，蠟樹其實就是由一個個戒指的蠟模砌成。然後，要用石膏覆蓋蠟樹，把它們放進火爐加熱。蠟會在過程中融掉，剩下空心的石膏模。此時，師傅就要把滾燙的流金注入模裡。最後，師傅需要把這些金模，一隻一隻地從蠟樹上剪下來。倒模技術對需要進行大量生產的工場而言是天大的恩物。純人手工製作珠寶除了耗費時間和人力外，最大的問題是製作出來的貨品標準不一。瑞麟經營出口，除了需要大量生產外，也需要確保產品的規格一致。倒模技術正正可以幫助瑞麟改善針對出口的生產。

因此瑞麟積極合併一些擁有倒模技術和出口經驗的廠商，希望把技術引入自己的公司。他又為工場添置了一些新的機器。那些機器很多時候是日本或者德國生產的，但公司裡面根本沒有人懂得怎樣操作。於是瑞麟不惜工本出資讓員工去海外學習機器的操作，又或者千里迢迢請生產商的代表來到香港教導員工。總之瑞麟不想落後於人，時刻都希望提高工場的水平。瑞麟沒有想到的是，他居然可以在這過程中得到意外的收穫。

第十四章 │ 大展鴻圖

瑞麟曾經合併過一間名為美佳的珠寶首飾廠。那間公司的老闆非常熟悉外國的珠寶生產技術。公司被瑞麟收購後，那位老闆就成為了瑞麟的下屬，負責幫他發展海外市場的業務。一般來說，瑞麟在收購其他的公司後，都會繼續錄用那些公司原來的員工。這次也不例外。瑞麟如常告訴美佳的員工，如果他們願意留下來的話，他絕對無任歡迎。當時市道好，不少員工會選擇跳出來自立門戶，或者轉投其他行業。不過，有幾個美佳的舊部下還是選擇與老闆一起過檔去瑞麟的公司。而其中一個便是鄭鴻標。

鴻標是個 20 歲出頭的年輕人。中五畢業後，經親友的介紹進入美佳的倒模部工作。工作一年多後，美佳就被瑞麟收購了，鴻標也就自動成為瑞麟的員工。其實鴻標的學歷在那個年頭已經算是很高的，加上他已經學會了倒模技術，其實大可以選擇出外闖蕩。但他想到親戚對自己照顧有加，如果就這樣走出去，感覺好像沒有本心。鴻標的想法很單純，既然親戚選擇為瑞麟做事的話，他也應該跟隨，在新的公司好好做事。

一開始鴻標被分配到開單部，負責計算貨品的成本。要開發一張成本單，鴻標需要計算人工和原料的成本。銷售部的員工在拿到成本單據後才能向客戶開具發票。在開單部做了 6 個月後，鴻標已經對珠寶產品非常熟悉。後來，他又被調去批發部做行街，一做就是十年。之後鴻標又輾轉被派去協助管理本地的零售店和開發商品策劃部等等，為公司立下許多汗馬功勞。後來更被委任為公司的董事，在本地的珠寶界非常活躍。當瑞麟收購美佳的時候，又怎會想到能因此獲得一位良將？

有心栽花花不開，無心插柳柳成蔭。有人飲水思源，有人卻見利忘義。人心往往難以預料，亦難以控制。

之前提及，瑞麟因為語言所限，做出口貿易的時候不得不依靠下屬與外國的客戶接洽。後來，他發現有些夥計背著他，與客戶有枱底交易。一開始的時候，瑞麟不想把局面弄得太難看，因此只是睜一隻眼閉一隻眼。他覺得，如果不是過分傷害了公司的利益，那讓夥計撈一點油水也不是太大問題。然而後來，他們卻變本加厲，甚至向瑞麟攤牌。

「謝生，我們今天正式提出辭職。」朱浩天一臉從容地說著。潘海文站在後面沒有作聲，面有難色。他們協助瑞麟處理出口業務已經好幾年，可以說是出口部的骨幹成員。

「阿天，你以為我不知道你們在後面做了什麼嗎？你跟阿文暗地搶了公司的客！」瑞麟生氣地說。

「謝生，你不要那麼激動。我和阿文打算自立門戶，就這樣而已。」浩天露出一個不耐煩的表情。後面的海文漲紅了臉，好像被老師發現作弊的小學生一樣。

「你們要離開公司是你們的自由，我可管不著！也不會拿繩綁著你們。問題是你們搶走了公司的客戶！」

「什麼搶？哪裡搶？你哪雙眼看到我們搶了？」浩天此時也開始扯高嗓門。

「那是我們公司的客，不是你們的客！」

「你不要忘了，這些客戶可是我們辛辛苦苦拿回來的。我們要離開公司，那些客戶喜歡我們，要跟著我們，那叫搶嗎？」

「天啊，你怎麼那麼沒有良心？」此刻，瑞麟已經感覺不到憤怒，他只是覺得痛心。

「什麼良心？人不為己天誅地滅。謝生，我感謝你以前給我機會。但我能搶到那些客人，難道不是因為我自己的能力嗎？外面機會那麼多，我相信自己可以闖出名堂，做得比你好。」

躲在後面的海文忍不住拉了一下浩天的衣袖，小聲地說：「天哥，你不要這樣說話啦。」他跟瑞麟說：「謝生，對不起……謝謝你的照顧……」

瑞麟回家後，把事情一五一十地告訴了坤儀。即使在家裡，瑞麟和坤儀的話題也大部分是圍繞公司的事。坤儀激動地說：「那個朱浩天真的沒有良心！有幾個出口部的都跟他走了，對吧？他搶了公司的客人，還搶了公司的夥計，真的太過分了！」

瑞麟沒有作聲，只是坐在沙發上發愣。

「他也不想想他現在住的那套房子是怎樣來的，如果沒有公司的照顧和栽培，他哪有今天？」坤儀繼續罵著浩天。

「算了，就當買個教訓吧。要怪只能怪自己沒有帶眼識人。」瑞麟這番話像是在跟坤儀說，但其實是對自己說的。要發洩的已經發洩完了，剩下的只是一陣陣令人難以忍受的蒼涼。

達峰難得見到爸爸，馬上衝到瑞麟的面前。他問：「爸爸，怎麼了？」

「沒什麼。達峰，我告訴你。做人一定不能忘恩負義。那些對你好的人，你一定要銘記於心。記清楚了嗎？」瑞麟說。

「嗯，我記清楚了。」達峰懵懂地點頭回應。

*

事件發生後，瑞麟努力收拾心情。「我不能被打擊倒！」他總是這樣告訴自己。其實當瑞麟回到公司，看到員工都在賣力地工作後，他的動力又自自然然恢復了。他覺得自己是公司之首，是絕不能倒下來的。如果倒下了，這些夥計，這些對自己和公司忠心耿耿的夥計，該如何是好？

瑞麟未有因為事件而對員工失去信任。出口部不少熱心的員工自主動請纓，頂替離開公司的人的工作。當然，嘗過苦頭後，瑞麟自然變得比以前謹慎。但他還是一如既往地給下屬充分的自由和空間去做事。其實瑞麟還未對事情完全釋懷。畢竟被自己信任的人背叛是很痛苦的事情。瑞麟總會突然想起當天的情境以及浩天的話，然後不停想：「為什麼會發生那樣的事情？為什麼他會這樣？」然而，日子還得過，工作還得完成，公司還得需要夥計幫忙，瑞麟只得當作沒事一樣繼續工作。

經歷這件事後，瑞麟開始覺得要一直維持出口的業務其實是很困難的事情。他自己本身實在沒有精力和時間去學習外語，每次出國的時候又會因為適應不了時差而休息不好，弄到精神很差。在外邊跑了那麼多年，加上遇到員工背叛，確實令他感到有點累了。而且出口的風險也不小，客戶很多時候都不按時付款，有的甚至會突然取消訂單。出口部的員工總是無奈地慨嘆：「送貨如送禮，收數如乞米。」剛巧陳列室的業務發展得不錯，瑞麟開始認真考慮，是否應該把工場由外銷主導轉為內銷為主。

就在遭遇打擊的這段期間，瑞麟卻獲得一位貴人的鼓勵和支持。當時，幾乎每一家香港有名的珠寶店都會光顧瑞麟的工場，其中包括謝利源。謝利源是創立於澳門的百年老字號金鋪。第三代傳人謝志超在香港創辦了同名的金行，也是瑞麟的大客戶之一。志超非常關照瑞麟，幫他買了很多貨，又願意借錢給他應急。

有一次，當瑞麟拜訪志超的時候，志超向他提及開店的事情。

「瑞麟，你之前講過想開店，是認真的嗎？」志超問。

「是的，其實之前我也在永安那邊租過攤位賣貨。不過說要開店的話，可能本還是不太夠。」

「你應該聽說過新蓋好的海洋中心吧？我在那裡租了一鋪位。我知道旁邊還有空鋪，你有興趣的話應該去試試。」

「嗯嗯，我知道海洋中心，在廣東道那邊吧？我聽說有幾層商場。不過租金會不會很貴？」

「我覺得還好呢，你先去看看地方吧。」

「謝先生，你覺得我真的可以做得來嗎？」雖然一直以來瑞麟都是機會主義者，覺得時機對的話，總是先衝了，把事情做了，再想後果。但有些時候他也會缺乏信心，需要別人的認同和肯定。瑞麟把志超視為亦師亦友的前輩，很想聆聽他的意見。

「我覺得你可以呀。」志超語氣堅定地說。「瑞麟，我總是跟夥計說，你們看看別人謝瑞麟，做事爽快俐落，非常有效率，為什麼別人做到你們做不到？我跟你說呀，不要看輕自己。」

「謝謝你，謝先生。」瑞麟感激地說。

「我不是說你一定會成功，成功與失敗嘛，很難預料。只是我覺得你有實力開店，你可以試試。」

志超的辦公室位於尖沙咀，瑞麟與他見面後，便馬上走去海洋中心看個究竟。海洋中心是海運大廈的延伸，集商業大樓及商場於一身，位處旅遊和購物的中心地段。瑞麟看到志超提及的空鋪。它位於海洋中心二樓，毗鄰謝利源金鋪。瑞麟很喜歡那鋪位，回去公司後便不停與員工商討資金的問題。最後，瑞麟終於湊集到開店所需的資本，決心把鋪位租下來，開設自己第一間的珠寶零售店。

*

店鋪開業的時候，瑞麟把公司的註冊名字改為「謝瑞麟珠寶有限公司」，又把公司的標誌換成一個「田」字。「田」字其實是由謝瑞麟的英文代號「TSL」所組成。瑞麟很喜歡這個標誌，「田」字標誌代表有田有地，大家有工開有飯吃，他覺得意頭很好。

因為海洋中心是高級的商業及購物中心，瑞麟也想把店鋪打造為一間高級的珠寶店。為了隆重其事，他從另一間珠寶公司借來了一顆 7 克拉重的自然粉色鑽石放在鋪內展覽，並以此作為招徠。他又特意聘請兩名護衛，在店的門口站崗。

不到一年，瑞麟又在銅鑼灣和中環開設了分店。瑞麟的選擇並不是隨機的。尖沙咀、銅鑼灣和中環都是主要的旅客及購物區，人流集中。因為瑞麟開設的是高級的珠寶店，所以他選擇在這些地區開店。

瑞麟雖然躊躇滿志，然而店鋪的業務並未有如預期般理想。瑞麟的工場在行內雖然很有名氣，但對大眾而言，「謝瑞麟」三個字卻很陌生。珠寶是奢侈品，購買珠寶的顧客對珠寶店的品牌和名聲特別講究。相比其他老字號，瑞麟的店舖號召力自然差得遠。不論瑞麟怎樣改變店舖的擺設或者增加宣傳，都沒有太大的成效。面對這種強弱懸殊的局面，瑞麟也一籌莫展。直到有一天，他在報章上看到富格林金幣的廣告時，突然想到一個點子。

富格林金幣是南非出產的一種金幣，1970 年代中期在香港開始流行，很多人把它視為投資炒賣的工具。當時銀行有在售賣這種金幣。瑞麟去銀行買這些金幣回來，以比銀行較低的價錢在店舖裡販賣這些金幣。當時有行家不明白瑞麟的想法，覺得他是因為生意差，被逼到發瘋了。

其實瑞麟的重點不在金幣，而在製造人流。他以較低的價錢賣金幣，很多人自然被吸引過來光顧。他們有的想把金幣帶在身上，就會在店裡購買圈扣和項鍊。有的客人本來只是過來買金幣，來到店舖後也會順道看一下有沒有合適的首飾。所以瑞麟就算沒有賺，也不會虧，算是打個和。但這樣一來他卻成功吸引到很多客人，增加了店舖的知名度。

經歷這次成功後，瑞麟不斷思索店舖以後的方向。到底他應該依循一貫的方式去經營珠寶店，還是應該用別樹一格的方式去吸引客人？

當時，平民大眾通常只會買足金首飾。買金器的話，他們一般會選擇去油麻地的金鋪，很少會去尖沙咀這些旅遊區。買珠寶的人給人的印象必定是非富則貴。當時的珠寶店也給人很高級的感覺，使人望而生畏，不敢越雷池半步。但售賣富格林金幣的成功令瑞麟開始質疑這種一般印象。他發現，其實只要貨品價錢相宜，給人划得來的感覺的話，一般人還是願意來珠寶店消費的。與其跟老字號硬拼，充高級、高檔次，倒不如走平民化路線，薄利多銷吸引普羅大眾。

瑞麟隨即與負責推廣的員工商量廣告的設計。瑞麟本身出身寒微，因此非常理解大眾的想法。對大眾而言，好的設計和工藝固然重要，但價錢便宜才是吸引他們購買珠寶首飾的最大誘因。

「有沒有辦法把貨的樣子印到廣告上？我想給人看清楚我們賣的是什麼，在貨品的下面列明價錢，那樣就一清二楚。」瑞麟說。

「謝生，你的意思是這樣嗎？」員工按瑞麟所說，快速地描了一個草圖出來。

瑞麟看後，不是太滿意。他拿起鉛筆，在圖上作出修改。他想了一想，「再加上貨品的說明和編號吧。例如，79D-5，14K 義大利金鍊。」

「要寫得那麼仔細嗎，謝生？其他店很少會這樣……」員工說。

「正是因為其他人不做，所以我要做。很多人都不知道珠寶店裡面賣什麼，覺得東西都很貴，所以不敢進來。我們寫得清清楚楚，明碼實價，他們就會覺得其實東西也沒有想像中那麼貴。我們賣的東西有平有貴，富貴平凡皆宜。」

「好的，我明白了。那麼在廣告裡，我們也介紹一下因為公司有自己的工場，所以貨品的價錢可以比其他的店低？」

「對，最重要是給人一種很划算，非常超值的感覺！還有，公司的名字要寫大一點，醒目一點。」

之後，瑞麟開始在店鋪推出各種減價促銷的活動。每次大減價的時候，瑞麟必定會同時在報章刊登大版廣告，吸引顧客的注意。「傾國傾城大傾銷——由三折起」、「酬賓大四喜」、「減——間間謝瑞麟空前大傾銷——四折起」，瑞麟不斷發動猛烈的廣告攻勢，用誇張的手法讓市民對自己的公司留下印象。面對競爭，瑞麟的策略就是以一個「平」字殺出重圍。當時的珠寶店偶爾會推出減價的活動，但好像瑞麟一樣以大特賣作為主要的推銷手段的卻屬罕見。瑞麟往往是以 5 折、4 折，甚至是 3 折等極大幅度的折扣去吸引客人，這樣的做法在當時而言其實非常破格。

瑞麟的策略漸見成效，每當他推出大減價的時候，店鋪都會擠得水泄不通。

*

1981 年，華人行商場。

瑞麟提著幾盒西餅，徑自走入店內。當時的中環分店正在進行盤點清貨，店員們全都忙著招呼客人。經理見到瑞麟後，想馬上走到門口迎接他。瑞麟卻擺擺手，示意他先繼續照顧客人。有些店員拿著貨匆忙經過，見到瑞麟後也實在無暇分身，只能點點頭說聲：「謝生好！」

自從開店以來，瑞麟幾乎每天都會去店舖巡視業務。瑞麟自己待在一旁觀察店舖的情況。他聽到客人和店員在議價，聲浪很大，人很多，感覺真像置身在市集裡。瑞麟沒有覺得大煞風景，他見人流那麼多，心裡很高興。

過了一會，有一批客人買完東西走了。經理終於有空走到瑞麟身邊。「謝生，今天又來探班了？」

「對呀，來，這裡有些蛋糕。你叫夥計先休息一下，吃點東西。」

「多謝謝生！」

「今天情況怎麼？」

「很好，今天已經到數了。」

「好，非常好！」瑞麟開心地笑說。「快叫夥計過來休息一下吧！」

有空檔的店員馬上走過來吃蛋糕，大家七嘴八舌的，好不熱鬧。就在這時，瑞麟從衣服口袋裡面抽出一疊紅包，跟店員說：「大家辛苦了！這次大特賣的活動很成功，過去一個星期，大家每天都達到銷售目標。所以我決定向每個人派獎金！」

接著瑞麟親自派發紅包給每一個店員，店員們收到紅包後都很開心。瑞麟出手闊綽，每個紅包裡都有 100 塊。當時的店員平均的基本人工大約 900 塊一個月，100 塊算是很不錯的額外進帳。

經理趁機向店員說：「大家都要繼續努力，賺到錢大家一起分，公司不會虧待大家。接下來還有一個禮拜要衝刺，不要鬆懈，繼續保持水準。」

「是，知道！」店員齊心地說。

對店員而言，一打開門做生意，就像踏上戰場一樣。每一個客人，每一張單都非常重要。軍團的整體士氣尤為重要。經理就好像將軍一樣，需要激勵麾下的士兵衝鋒陷陣。

「那就交給你啦，我先回去。有什麼事情就打電話去公司吧。」瑞麟拍拍經理的肩膀說。

「知道了，謝生。」

「加油，努力呀！」

雖然瑞麟很緊張店舖的情況，但他認為經理才是店內的總指揮。就像將軍在外打仗一樣，如果皇帝要事事過問，事事干預，只會拖後腿，令他不能好好發揮。他很明白自己作為老闆的角色。對他而言，好的下屬就是可以幫他處理問題的人。如果下面的人可以替他分憂，他簡直是求之不得。瑞麟對店舖的管理很有彈性，他覺得只要給員工充足的誘因，他們自然會努力工作，幫公司賺錢，根本不用訂立太多的規則。

對瑞麟而言，賺錢就是最重要的法則。他會為每間店定下銷售目標，如果店舖達到目標的話，就會有額外的獎金。很多時候，店舖的員工為了達到目標，怎樣都不願意下班，一直營業到深夜。

瑞麟很明白一般「打工仔」的心情。你用死板的規條來規範他，他只會按本子辦事。但如果你嘗試回應他的需求，以豐厚的回報去吸引他，他則會自覺地把事情做好。

瑞麟打著珠寶大眾化的旗號，雖然成功為店舖引來客源和生意，但也惹來一些非議。

海洋中心租務部的經理對瑞麟的做法特別看不過眼。海洋中心是高級的商業及購物中心，他們自然很重視形象。當瑞麟推出減價促銷的活動時，店舖就會變得人山人海。但對商場而言，一波波的人潮卻降低了商場的格調。瑞麟對此卻不以為然。他理直氣壯地認為，「做到生意就可以了，我是用減價吸引客人那又怎樣？我又不是付不起租金！」

瑞麟的促銷手法為其日後與海洋中心的決裂埋下了伏線。

第十五章 ｜ 聲價十倍

瑞麟在拓展零售業務的同時也開始涉足地產投資。自從開店以後，瑞麟已經把出口的業務交託下屬處理，自己則集中精神開拓公司的零售網絡。對零售店而言，租金占去了成本很大的一部分。如果能夠自己擁有鋪位的話，自然能大大降低營運成本。以瑞麟旗下的陳列室為例，因為它位於自身的物業，不需負擔租金成本，利潤自然很可觀。瑞麟自從買入興業大廈的單位後，便不斷購入更多的相連單位，以擴張公司的大本營。瑞麟投資物業有一部分是基於實際的考量，也有一部分是出於自身的欲望。

六七暴動後，華人地產商開始崛起。1980 年代，香港的人口突破 500 萬，房屋供不應求，地產市場的發展進入高峰期。當時的富豪幾乎都是靠地產投資發跡。瑞麟跟朋友聚會的時候，席上的話題總離不開地產。

「想發達就去做地產吧！」

「如果我有錢一定投資物業，樓價幾乎每天都在漲。」

「嘿，我跟你們說啊，我剛賣了一套房子賺了不少。真是得來全不費功夫。想到之前那麼辛苦，真的覺得自己笨呢！」

「物業可是實實在在的磚頭，跟股票不一樣，可以保值。買回來了，如果價錢不好就一直放著，沒有損失呀。」

投資地產物業在香港基本上已經形成為一種勢不可擋的風潮。瑞麟眼見很多認識的人，本來只是經營小生意，後來卻因為涉足地產而一夜致富，心裡羨慕萬分。瑞麟以前沒有資金，就算想分一杯羹也有心無力。但現在他已經擁有東南亞最大規模的珠寶工場，又開設了自己的店舖，身價不同往日，絕對有能力投資房地產。瑞麟雄心壯志，希望最後能夠買下整棟興業大廈，把它冠名為「謝瑞麟大廈」。他想得到的已經不僅僅是經濟上的回報，而是一種充實的成就感。

中國人對房子總是有一種入魔般的痴迷，彷彿擁有越多物業，就越安心滿足。瑞麟也不例外。公司的「田」字標誌正好反映他的心態。在瑞麟的概念裡，有房有地，生活才有保障。他不但自己買房產，也鼓勵公司的員工添置物業。

「你們一定要買房子，房子才是最保值的！」

「我們也想有房子，但沒有那麼多錢。現在生活蠻好，起碼賺的都夠我們花。但如果要買房子，我們的壓力會很大。」

瑞麟見幾個員工都表現得不太積極，開始有點焦躁。「你們根本不懂，現在辛苦一點絕對是值得的。你們有了自己的房子以後，生活才會真正安定下來。再說，有了房子就不怕沒有女人了，對不對？」

聽了瑞麟的話後，員工們不禁相視而笑。

瑞麟繼續說：「不講女人的話，也要講家裡人。一個家如果沒有一套房子，那不算是真正的家。」

「嗯嗯，的確是這樣。其實我們也真的想要買房子，只是一時間要湊到那一筆首期還是感覺很艱難……」員工們交換了一個無可奈何的眼神。

「這不是什麼大問題呀，」瑞麟豪邁地說，「公司先借一筆錢給你們就好。」

「這個……謝生你是說真的嗎？」員工們對瑞麟的話感到難以置信。

「當然說真的。公司現在賺到錢，你們是功不可沒。你們就去帳房拿支票好了，公司先借錢給你們做首期，你們之後再攤還吧。」

瑞麟並不是信口開河，他之後真的吩咐會計部撥出一些資金，借給員工買房子。很多員工因而成功擁有自己的第一套房子。他們很感激瑞麟。如果沒有他的鼓勵和襄助，或許他們就要一直流離失所，終日活在焦慮之中。

對瑞麟而言，房產可以換來安泰的生活。他深信投資房產也是十拿九穩的事，「別人可以賺，我沒有理由賺不到的！」的確，瑞麟在珠寶業闖蕩二十餘載，一直都能逢凶化吉，可謂無往而不利。然而，當他涉足房地產業時，幸運女神似乎並沒有特別眷顧他。瑞麟開始投資物業的時候，剛巧遇上香港前途的問題。

*

香港殖民地的歷史可以追溯至 19 世紀。1839 年，中國清政府與英國爆發鴉片戰爭。最後，中國戰敗，並簽訂了《南京條約》，割讓香港島予英國。1856 年，第二次鴉片戰爭爆發，中國再次戰敗，被迫簽訂《北京條約》，把九龍半島界限街以南的部分割讓予英國並納入香港殖民地。1898 年的時候，清政府又在英國威迫下，簽約《展拓香港界址專條》，把香港的新界地區和離島租借給英國，為期 99 年。英殖香港就是這樣一步一步擴展建立而成。

二戰後，中共中央一直不承認清政府當年簽訂的不平等條約，香港的地位處於一種模糊的狀態。然而，因為新界地區的租約將於 1997 年屆滿，中英雙方於 1982 年終於就香港的前途問題正式展開談判。談判一開始就陷入彊局。中國堅持要全面收回香港的主權，英國則爭取保留香港的治權。諷刺的是，在這關乎香港未來的談判中，香港的普羅大眾根本完全沒有參與的資格和發言權。他們只能每天留意新聞，追蹤事件的最新動向。社會彌漫著不安和焦慮。大家就像囚犯一樣，集體等待判刑。

香港前途未卜，人心惶惶。瑞麟夫婦除了要為局勢感到擔憂外，也要擔心正準備出國唸書的達峰。

早在幾年前，瑞麟已經相繼把達明和穎怡送去美國。瑞麟很重視孩子的教育。雖然他現在已貴為老闆，但還是對自己的學歷耿耿於懷。瑞麟總是覺得自己的人生充滿無奈，很多事情都是為勢所迫。如果有選擇，有哪個人真的會想去學打金那麼辛苦？瑞麟不想兒女像自己一樣終日為口奔波，所以他把兒女都送去最好的學校。他覺得惟有受到良好的教育，他們才能擁有更多的機會和截然不同的人生。

瑞麟工作忙碌，坤儀也要去公司幫忙，所以兒女很多時候都是由謝嫂照顧。祖孫情深，達峰出國前夕，謝嫂整天都向瑞麟抱怨嘮叨，「你把我的寶貝孫仔孫女全都送去外國！美國那麼遠，我都不知道時候才可以見到他們了！」

「媽，讓他們浸鹹水是為他們好。在外面學好英文，學別人厲害的東西，見見世面。」瑞麟說。

「我不是不明白，只是也不用去那麼遠的地方吧？我怕他們吃不好，不夠湯水，又怕他們被鬼佬欺負。」謝嫂說著說著，居然流下眼淚。

「媽，他們也要學習獨立。我好像他們那麼大的時候已經要在金鋪幫忙掃地和倒痰盂呢！他們已經幸福多了。」

瑞麟雖然擺出一副不以為然的樣子，但其實他也很捨不得達峰，也很擔心這個么子在美國會吃虧。

三個孩子裡面，達明的成績最好，從來不用瑞麟操心。穎怡也很聰敏，成績經常名列前茅。但不知道為什麼，達峰的成績只是一般。瑞麟沒有心思和時間去瞭解達峰的情況，他只是一心要把他送去最好的學校。達明和穎怡分別畢業於喇沙書院和聖家書院，兩者都是本地的頂尖中學。順利成章地，瑞麟也安排達峰入讀喇沙小學。因為達明是學校的畢業生，會有分數的加乘。誰知道達峰居然意外地未能考上，只能入讀德信學校。

但瑞麟一直未死心，他總是想製造機會，說服喇沙小學的校長接收達峰。機會終於來了！有一次，瑞麟和達明、達峰在喇沙小學的校園裡打乒乓球，剛好遇到校長從辦公室裡走出來。瑞麟馬上抓緊機會與校長聊天，希望他可以收達峰為學生。校長見瑞麟父子感情要好，最後居然真的被打動，讓達峰以插班生的身分轉到該學校去。

瑞麟為了這件事開心了好久。事實上，瑞麟因為工作的關係，平常根本很難抽出時間與孩子們玩耍和溝通。可能是因為習慣，也可能是思維方式的緣故，很多時候瑞麟管教孩子的方法跟管理員工的差不多。他總會從實際的角度出發，用金錢或者其他物質去「利誘」孩子。「考試第一，獎 100 元！考試第二，獎 50 元！」就算是一家人去大排檔吃飯，瑞麟也會跟孩子說：「誰可以吃辣，我就給他 10 塊！」

孩子跟員工不同，他們想的不是生計而是父母的關懷。瑞麟當然無法理解他們的心情。他一心只是想著公司和養家。瑞麟偶爾會帶孩子們去自己的工場和店鋪。對他而言，這間公司就是謝家的家業，之後肯定會由兒女們繼承的。奇怪的是，達明對公司的一切表現得毫不感興趣。瑞麟帶他們去看海洋中心的店鋪時，達明只會坐在一旁看書。瑞麟當時未有特別在意，只是由著他。達峰則和達明相反，他對店鋪的東西非常感興趣。瑞麟見狀，也不管達峰是否聽得懂，就一直跟他說店鋪的擺設和裝潢設計。

「珠寶店一定要給人大氣的感覺。招牌也很重要，要很醒目，別人一看就可以認到。」瑞麟一邊說，一邊指手劃腳。達峰很喜歡跟隨父親出入工場和店鋪。或許對他而言，這是接近父親的最佳機會；惟有參與父親的工作才能拉近兩人的距離。

「你去了那邊要認真讀書，不要學壞。要聽哥哥和姐姐的話。不夠錢的話告訴我就行了。」

臨別前，瑞麟向達峰作最後的叮嚀。

「知道了，爸爸。」達峰說。

坤儀和謝嫂一臉不捨，雙眼通紅。達峰只是十餘歲的小伙子，第一次遠離家人出國讀書，心情自然既興奮又徬徨。其實達峰在出發前就已經對自己定下目標，在那邊要好好學習，特別是要練好英文，回來後才可以幫忙瑞麟打理出口生意。達峰是一個內心很敏感的孩子，他知道瑞麟為了工作付出了許多心血，很多時候也因為語言問題，碰了不少釘子。他很想出一分力，為瑞麟分憂。不過當然，達峰並沒有把這想法告訴瑞麟，他只是默默地下定了決心。

結果，瑞麟的孩子全都出國留學了。送別達峰後，瑞麟沒有回家，徑自從機場坐計程車回去公司。在路上，他突然感慨萬千。「真沒想到，像我這樣的粗人，孩子們居然可以全部都去了美國讀書。」瑞麟一邊想，一邊搖頭微笑。那是一個夾著淡淡苦澀的笑容。

*

中國和英國雙方就香港前途問題繼續各執己見，經過幾輪的談判後，依然沒有顯著的成果。談判緩慢的進展結果是造成信心危機。1983 年 9 月，港元急跌至歷史低位；股票市場也受到嚴重影響，恆生指數大幅下跌。為了穩定經濟，香港政府決定實施聯繫匯率，將港元與美元掛勾，藉此穩定港元。後來，中英雙方終於達成協議，簽訂了《中英聯合聲明》。雙方協定在「一國兩制」的原則下，英國將於 1997 年 7 月 1 日把香港的主權交還給中國。香港前途問題塵埃落定以後，市場也漸漸重回正軌。

過了一段時間，瑞麟又有新的計劃。這次，他想做的是把公司上市。瑞麟會突然有這一個想法，主要是因為受到朋友的鼓勵。在中英談判的風波中，瑞麟投資房地產失利，鎩羽而歸。他只好把精力集中在店舖和工場上，不再涉足地產市場。朋友間的話題由房地產換成股市。

「英國佬和中國談好條件，之後的股市肯定會升。」

「你那麼有信心啊？香港回歸大陸，你不怕嗎？」

「鄧小平搞改革開放，香港是很好的橋樑，他不會弄翻這道橋的。我看我們可以藉這個機會撈到不少生意。」

「香港這地方，要發達就兩條路，一是炒樓，二是炒股。」

「股票風險大，但房子保值，炒股划不來，划不來！」

「房子你要等，股票每天上落，幾天就可能可以賺幾百萬！你說哪個划不來？」

瑞麟通常只是聽朋友們講話，沒有參與太多，畢竟他不熟悉股票市場的情況。後來，有朋友建議瑞麟把公司上市。

「我看你的公司很有潛力，為什麼不試試上市呢？」

「我不熟股票，你知道我是賣珠寶的嘛！」瑞麟說。

「你不是說總是缺錢嗎？你把公司上市，就是把公司扔出去集資，叫人買你的股份。」

「但是我的公司會給人吃了嗎？不是有很多收購戰嗎？」

「這個你自己可以選擇的嘛，要把多少股票放在外面流通。你想一想，那些股票就是錢，就是說別人投資在你身上，給你公司錢。還有你的股價升的話，你公司的價值就是翻倍了呀。說白了，就是可以輕鬆翻幾翻，1 元變 10 元。吸引不吸引？」

「當然吸引啦！」瑞麟咧嘴而笑。「不過我都不懂得這些細節，會不會有麻煩的？股市好像風險很高……」

「我又不是叫你去炒股，是叫你上市，差得遠了。我有朋友專門弄上市的東西，我介紹給你認識就可以了，對不對？」

「好呀，是真的嗎？那你真的要介紹給我認識。」

「當然會介紹給你。你想想，謝瑞麟先生——上市公司主席，聽起來多威風！」

「哈哈，不要開我玩笑啦！」瑞麟尷尬地笑著，心裡卻盡是公司上市的畫面。

於是心動的瑞麟積極著手上市的計劃。其實他並不是非常理解公眾公司的定義，也不明白上市公司其實受到很多規範。他並不是想著通過上市在公司推行現代管理，也不是說考慮到繼承的問題。他想的很簡單，就是要提升身價並在市場獲得很多資金。當然，上市也是一種身分象徵。總之對瑞麟而言，公司如果能夠上市的話，肯定會聲價十倍。至於細節的東西，他覺得交給下屬和其他專家就可以了。

但因為公司的財力還沒達到上市的門檻，瑞麟希望能夠儘快擴張店鋪的零售網絡，增加公司的營業額。就在瑞麟摩拳擦掌，準備大幹一番的時候，卻傳來不獲海洋中心續約的消息。

*

面對這個消息，瑞麟感到難以置信，他馬上打電話給商場的經理問個究竟。經理不願意告訴他原因，只是含糊其辭。瑞麟也有向其他店鋪打聽，發現只有他一間店不獲續約。後來，瑞麟聯想到商場可能因為不喜歡他舉辦促銷活動，降低商場的格調，所以打算租約一滿就把他趕走。

「他媽的！真是欺人太甚！」瑞麟生氣地吼叫。

「謝生，那我們要怎麼辦？」負責零售的主管問道。

瑞麟怒氣難消，大喊：「他們根本就是要趕盡殺絕！我就不相信我沒有那間店會死！」

過了一會，瑞麟終於冷靜下來，開始思考對策。「我們就去找新的鋪位吧。動作要快。我想把店開在油麻地。」

「油麻地不是金行區嗎？如果把我們的珠寶行搬去那裡好像有點奇怪吧。」

「其實我之前已經在想，也要在店裡賣足金。只是賣珠寶的話，市場太窄了。我想開珠寶金行。當然我們不要把店開在上海街，那裡已經很舊派了。要開的話就開在彌敦道，那裡才夠旺氣。地方也要趕快找，有好的地點最重要。我親自去看看。」

「那海洋這邊要怎樣？」

「不可以浪費掉。你叫夥計盡快點算一下手頭上有多少貨。我們就來弄一個大傾銷，要錢不要貨。他們不喜歡我們減價，我就是要減價。我是合法正當地做生意，他們憑什麼看不起人？」

於是，瑞麟在海洋中心的分行推出 5,000 萬珠寶 3 折促銷的活動。他又故意在宣傳廣告上印上「海洋雖大亦難容」幾個大字。廣告的內文說分行因為業務蒸蒸日上，不敷應用，所以需要搬遷擴充。一般人可能不會察覺什麼異樣，但明眼人就會知道「海洋雖大亦難容」這一句話根本就是諷刺大大的一個海洋中心居然容不下一個謝瑞麟！

這次促銷活動非常成功，店鋪從早到晚都人山人海。因為人太多，瑞麟甚至需要調動工場的員工過來幫忙收錢。因為現金很多，他們就直接提一些麻將箱過去，把收到的錢放進去。瑞麟見狀，馬上也在中環分店同時推出促銷活動。他又趕製了一批很招搖的廣告，裡面放上一張店鋪被擠得水泄不通的照片，內文寫著：

＊＊＊

緊急通告

謝瑞麟珠寶

海洋中心分行

搬遷大傾銷

引起搶購熱潮

向隅者極眾

謹此致歉

現為疏導人潮

中環分行

同時大傾銷

全部 3 折

＊＊＊

瑞麟看著這則廣告，表情非常得意。他對負責推廣的員工讚不絕口：「哈哈！這一則廣告妙，非常妙！我很喜歡！海洋中心的人這次肯定會給我們氣死，哈哈！」

＊

1986 年，瑞麟位於海洋中心的分行正式結業。同年，他於油麻地彌敦道 315 號開設旗下第一間珠寶金行，兼售珠寶及足金首飾。

瑞麟大張旗鼓，在報章首頁刊登店舖開幕的廣告，又邀請了聯合交易所主席和兩位香港小姐作為剪綵嘉賓。他想證明，就算不在海洋中心，他也可以風風光光。兜兜轉轉，瑞麟又回到油麻地。當年的打金學徒已經搖身一變成為珠寶金行老闆。三十年的光陰一晃而過。

不過瑞麟並沒有緬懷舊事的心情，他一心只是想著要盡快擴張自己的金行版圖。在開設自己的珠寶店後，瑞麟其實一直有開金行的念頭。畢竟他是打金出身，熟悉金器的屬性和製作，他不想浪費自己的知識和技能。海洋中心的經歷也讓他發現，如果單靠賣珠寶的話，他可能難以突圍而出。他已經認清了自己必須走大眾化的路線。開設珠寶金行，在店裡兼售黃金會令他更容易接觸到大眾市場。海洋中心就好像籠牢，把他緊緊地釘死在一個狹窄的市場面上。把店舖搬回普羅大眾的社區，瑞麟感覺特別自在，彷彿這裡才是他的主場。

為了新店開張，瑞麟花了很多心思。他製作了一隻巨型的金麒麟，放在店內展示。另外又製作了很多小金麒麟，作為紀念品送給顧客。顧客只要購物滿 3,000 元，即可免費獲贈金麒麟。麒麟代表了瑞麟，也代表了店舖本身，兩者密不可分。

「謝瑞麟」漸漸成為街知巷聞的名字。翌年，瑞麟一口氣開了 6 間分店，分布尖沙咀、旺角、九龍城和新界元朗。他當時想著的只有兩件事情：上市和在全港所有區域都開設自己的分店。

1987 年，他率先完成了第一個目標。瑞麟的公司終於達到上市的門檻，正式於聯交所掛牌，股票編號為 417。瑞麟身兼公司的主席及執行董事。到了這天，瑞麟名正言順地擠身於香港珠寶大亨的行列之中。他不再是打金師傅，也不再是山寨廠的老闆，他是上市公司的主席。瑞麟一步一步從行業階梯的最底層爬到頂峰。以前，珠寶行的老闆都是他的客戶。今天，他終於與他們平起平坐。

此刻，瑞麟感到很得意，得意的接近狂傲。這也難怪，畢竟有誰像他一樣，在沒有家業的庇蔭下，不單開設了自己的珠寶公司，還把公司弄到上市了？

「捨我其誰？」瑞麟內心深處不斷咆哮著，彷彿要用吶喊把多年來的辛酸委屈全部吞噬。

第十六章｜神州開荒

上市以後，因為資金充裕，瑞麟以雷厲風行之勢急劇擴張公司的零售網絡。瑞麟堅持親自為店鋪選址，因為他覺得店鋪的地點足以決定生意的成敗。其實，瑞麟心裡並沒有一個詳細的發展藍圖。他從來都不靠數據圖表作出分析。相反，他像歷險家一樣，喜歡憑自己的感覺和所見所聞作出判斷。瑞麟每天走在街上，一直走，從一個區走到另一個區，不斷觀察附近街道上的商店。當發現有周生生、周大福或者景福等大牌的店鋪的時候，他就會格外留神。

「開店的話最好就在這些大牌的附近。」瑞麟跟鴻標說。

鴻標在 1986 年的時候被派往中環店擔任分行經理。後來，他被升任為香港島的區域經理，幫助瑞麟建立和管理新店。但店鋪的選址和裝修仍必定由瑞麟來決定。

「是因為可以吸引人流吧？但這樣的話不怕客人都給搶去嗎？」鴻標一臉疑惑地問道。

「不會的。就是因為我們對自己的店有信心，才有膽量開在他們附近。這也是我們要告訴客人的：我們的級數跟他們一樣。」

「他們也肯定是可以賺到錢才把店開在那些地方吧。」

「對呀，他們選的地方都是旺的地段。但如果要在他們的旁邊，裝修一定不可以被比下去。阿標，有些原則你要記住。鋪面一定要開揚和寬闊。這個很重要，我們要給人有氣派，足以與大店分庭抗禮的感覺。鋪裡起碼要放得下 80 呎的地櫃。」

此時，他們剛好經過一間比較小型的金行。瑞麟指著店鋪裡的擺設說：「你看，這樣是不行的。空間那麼窄。還有，這店的招牌太小了，不夠氣勢。」瑞麟搖搖頭。

「不過這店還是有不少客人呢。看來現在這個環境，根本不愁沒生意。」鴻標說。

「問題就是我們怎樣可以賺得更多。現在市道好，更加不可以鬆懈，要開多一點分店，用人海戰術取勝。賣東西最終都是講規模，越多店越好。」

接下來數年，瑞麟從未間斷地加強公司在市場的占有率。只要看到有合適的店鋪，瑞麟就會馬上聯繫地產經紀，約見業主進行洽談。轉眼間，新的店就開張了，一間接一間。

到了 1989 年的時候，瑞麟已經坐擁 18 間分店。如果單以分店的數目來計算，有一段時間，謝瑞麟甚至壓過周生生和周大福，登上行內的龍頭寶座，一時傳為佳話。

*

1980 年代的香港社會就像一個造神的器皿，孕育了無數類似的傳奇故事。

香港經濟在 1970 年代的時候開始起飛，到了 1980 年代，可謂如日中天。雖然中間曾經受到香港前途問題困擾，但中英雙方取得共識以後，香港的經濟繼續急速向前推進。以前，香港是貧窮的難民社會，每個人都得咬緊牙關忍受苛刻艱鉅的日子；現在，這個匱乏之城卻搖身一變成為富裕的摩登都市，大家樂於自我麻醉，沉溺於五光十色的生活中。社會變得富庶以後，人們越來越願意花錢買東西、買地位、買快樂。以前，購物是一種需要；現在，逛街消費卻變成了一種生活方式。

本地市場對珠寶的需求也越來越大。1970 年代的時候，本地客人傾向買便宜的珠寶金飾。很多人會趁金價便宜的時候，買入一些足金首飾。戒指也好，項鍊也好，總之只要是黃金，他們就感到很安心。平常他們不一定配戴這些首飾。對他們來說，足金首飾是財產的一部分。如果遇到什麼狀況便可以馬上把它們溶掉換錢，或者是把它們作為遺產留給兒女。經歷過戰爭洗禮的一代人很多時候只是相信黃金。他們深切體會到很多東西會在一瞬間化為烏有，唯獨黃金永垂不朽。

1980 年代是一個紙醉金迷的時代。三更窮，五更富，錢來得快也去得快。大家急於展示自己的身價，紛紛把各種珠寶金飾配戴在身上。男男女女，身上總是掛著一條，甚至是好幾條又粗又短的金項鍊。金行生意好得不得了，顧客如雲，幾乎是應接不暇。當中，又以油麻地及旺角的金行最賺錢。香港的經濟百花齊放，這些地區的娛樂和黃色事業尤為發達，的士高、夜總會、桑拿場和麻將館等如雨後春筍般出現。有很多場地其實是由黑幫在背後管理和操控的。從事這些行業的人特別喜歡買金器。一方面戴金飾可以彰顯自己的地位及勢力，另一方面當遇到狀況時，他們可以馬上把金器換為金錢。在那個時候，開金行幾乎可以說是一盤穩贏的生意。

不早也不晚，瑞麟剛好順應這股潮流，準確地帶領公司走向大眾化市場。對普羅大眾而言，因為經濟環境變得富裕，珠寶首飾不再是遙不可及的奢侈品。瑞麟沒有放緩店舖的宣傳攻勢，繼續推出大量減價活動吸引客人。他想傳達的訊息很明確，就是希望把珠寶首飾塑造為時尚生活的必需品，而不是一生難求的珍品。

「老公，你看這廣告，1,000 元就可以買到一件鑽飾了！很划算嘛！」一個中年婦人特意剪下報章的一則廣告並放在丈夫面前。

「1,000 塊錢就可以買到鑽石？天底下哪有這麼便宜的事。你不要被騙了。」丈夫的雙眼只是一直盯著電視螢光幕。電視裡正在播放歡樂今宵，丈夫給詼諧的對話逗得哈哈大笑。

「不是啦，你認真看一下！」婦人把廣告硬塞進丈夫的手裡。

丈夫被煩得沒有辦法，趁廣告的空檔，瞟了一眼廣告。他唸著內容：「……謝瑞麟令港幣全面升值！旨因……瑞麟鑽飾全都3折……」他擺了擺手說：「這廣告真是誇張死了！」

「3折喔，是不是很划算？這店很有名喔，因為它經常有大減價！我想去看看。」

「你就去看呀。」丈夫的注意力又移到電視上。

「老公，你不是剛簽了一張新的合同嗎？」婦人嬌嗔地問道。

丈夫沒好氣地掏出錢包，塞了一疊現金給婦人。「你自己去逛吧。看到喜歡的就買下來。」丈夫說著，視線一直沒有離開閃爍的螢光幕。

「謝謝老公！」婦人心滿意足地返回睡房，繼續翻箱倒櫃，尋找合適的裙子。下個星期她要陪伴丈夫出席一個重要的飯局，正正就是缺了一件亮麗的配飾。婦人沒法忘記在上一次的飯局裡，有一位太太就是因為戴上了一條閃爍耀眼的鑽石項鍊，惹來全場矚目。婦人一向對自己的容貌非常有自信，經常被誇獎為香港小姐。那次卻風頭盡失，自然一直記恨至今。「這次我肯定要把別人的目光奪回來。」婦人心裡想著。

這是一幅活生生的社會寫照。購買和配戴珠寶金飾是一種炫耀和攀比的手段。拼車、拼樓、拼行頭再也不是富人的專利。普羅大眾紛紛加入戰圈，為了名利拼個你死我活。1980年代的香港是一個由金錢堆砌而成的搖籃，搖啊搖，搖著一堆盛載著欲望的夢。瑞麟就像讀夢者一樣，釋放和成就了這些夢。

*

瑞麟在香港的珠寶市場立穩陣腳後，很快就把目光轉向其他地區。他滿懷壯志，希望進一步擴張珠寶王國的領土。他每天的行程都排得非常緊密，除了處理公務外，還得花很多時間在外面應酬，出席大小的社交場合。畢竟對做生意的人來說，人脈是非常寶貴的資源。自瑞麟闖出名堂以後，各式各樣的人到處請託，希望可以約見他，跟他商討合作的事情。瑞麟的身價雖然不同往日，但其平易近人的性格卻沒有改變。通常他都是來者不拒，不論對方的身分地位，都會盡量抽空相見。他覺得，認識多一個人，交多一個朋友，瞭解多一點不同的事，總該不是什麼壞事吧？

這天，瑞麟巡視完位於彌敦道的新店後，馬上乘坐座駕趕去對面海的文華酒店。有一個朋友約了他見面敘舊。

「喲！謝先生，你好！你好！好久不見！」楊飛見到瑞麟後，熱情地跟他握手問好，笑容非常親切。

「楊先生，你好！很開心又見到你！來，請坐，請坐。」

瑞麟與楊飛久別重逢，有說不盡的話題。很快，他們就聊到彼此的共同嗜好——生意和賺錢。

「謝先生，我聽說你這幾年在香港的生意風生水起。剛才我經過華人行的時候，也看到你的店。你真的很厲害，有什麼獨門秘技可以傳授給我？」楊飛一邊說，一邊替瑞麟沖茶。

「楊先生你才厲害，我知道你在深圳賺了一大票！」

「沒有那回事，只是小生意而已。不能跟謝先生相比。」

「楊先生你太謙虛了！我可以問你一個問題嗎？你覺得大陸的市場到底怎樣？」

「謝先生，我們祖籍都是南海，大家算是鄉里，我跟你都是有話直說。老實說呀，我覺得大陸的潛力比香港大，以後都是中國的天下。要發財的話，不管你喜不喜歡，一定要往北走的，香港的市場太小了。」

「很多香港人已經把工廠搬去大陸。我也有這個計劃。大陸便宜得多了。香港的成本太高了，不划算。」瑞麟說。

「這個當然了。但是我的意思不是說把工廠搬過去。這個大家都在做了。我的意思是真的去開發大陸的市場，在那裡開店，做生意。」

瑞麟認真地聆聽楊飛的話，腦海裡馬上浮現了很多念頭。楊飛繼續說：「改革開放只是推行了一段時間，但你看深圳的改變，真的只可以用驚人來形容。它每天都在快速地成長。這僅僅是冰山一角，不要忘了，中國幅員廣大。您想像一下啊，中國就像一條沉睡了好久好久的巨龍。當它醒來的時候，光是擺一擺尾巴，已經是不得了，真的是不得了。」

香港製造業的發展在 1970 年代中後期遇上瓶頸，飽受內外夾擊。一方面，來自東南亞等地區的競爭越來越激烈；另一方面，香港的工資和租金水平也不斷提升，導致工廠的生產成本直線上漲。在看似走投無路的時候，中國政府卻宣布推行改革開放，嘗試與世界的經濟體系接軌，更在深圳設立首個經濟特區，作為改革試點。歷史真的很奇妙，經過戰後幾十年的隔絕，一瞬間，香港又重新扮演了重要的窗戶的角色，作為中國與世界舞臺之間的橋樑。

中國的改革開放政策為香港的商人帶來新的機遇。自 1980 年代開始，大量港商在內地投資設廠，把生產基地從香港搬到廣東，甚至是更內陸的地區。對他們來說，中國市場就好像一片遼闊的新大陸，充滿未知數，既神秘又誘人。有的開荒者成功越過重重難關，搶占了最肥美的土壤；有的卻鎩羽而歸，落荒而逃。對成功者而言，北面的國境是神州大地；對失敗者而言，邊界後面卻是滿布陷阱的沼澤地。

「所以你非常看好中國市場？」瑞麟問楊飛。

楊飛給了一個肯定的回應：「是的，百分之一百。不過，所有新市場都是風險很高的。這個我想您也很清楚。在那裡很容易賺大錢，但一不小心就會頭破血流。少一點冒險基因，恐怕都是無法承受。」

楊飛接著問瑞麟：「謝先生，其實你很早就開始在大陸買貨，我敢肯定您在那邊也有很多人脈吧？」

「我一直對大陸的市場很有興趣！只是這幾年我的心思都放在香港的店鋪，實在沒有餘暇去想其他的事情。但現在我是認真在考慮發展大陸市場。」

「我有一個小小的建議。我覺得您可以考慮到深圳看看。你一定要親身去逛一下，感受一下。」

「好呀，我很有興趣！」

「到時候我給你介紹一些官員和朋友。你不用擔心，我會幫你打點好一切。」

「你工作那麼忙，要南北兩邊奔走，還要你操心我的事情，真的很不好意思！」

「謝先生，你不要跟我客氣！咱們是好朋友，你過來的話，我當然要好好招待！」

其實瑞麟對中國市場一直非常感興趣。早在 1960 年代的時候，他已經開始參加廣交會採購珠寶首飾，並把貨品帶回香港轉售給外國的買家。自此以後，瑞麟一直維持在中國的貿易活動。他的活躍範圍不僅限於廣東地區。改革開放以後，瑞麟結識了重慶市的市委書記肖秧，在那邊也有做過買賣。瑞麟一點一滴地累積在中國的人脈，直到 1980 年代後期，終於抓到時機進軍中國市場，一圓多年來的心願。

*

有一次，在友人的帶領下，瑞麟造訪了位於邊境的沙頭角。沙頭角橫跨香港和深圳兩地。英國向中國租借新界的時候，以沙頭角河為界線。1950 年代時，港英政府把歸屬香港的沙頭角部分劃為禁區，市民需要有禁區紙才可進入該地區。沙頭角內有一條街道名為中英街，顧名思義，這條街道由中方和英方共同管理。街道中央有八塊界碑石作為分界，一邊屬於華界，另一邊則是英界。

瑞麟來到中英街後，馬上被眼前的景象吸引。街道兩旁店鋪林立，讓人眼花繚亂。「怪不得楊飛說這裡是藏寶圖上打了星星的地方。」瑞麟心想。他早就聽說過中英街是一條「商品隧道」，大量貨品通過這裡，從香港流向大陸。但他沒有想到這個邊陲地帶居然如此繁盛。整條中英街不到半公里長，就瑞麟沿途所見，卻起碼有二十多間金鋪。最重要的是，瑞麟看不到任何來自香港的熟悉的珠寶金行。

「哈，這回真是黃金機會！」當下瑞麟已經決定要在中英街開店。他已經想到要把店開設在華界那一邊，那樣才能吸引到大陸的顧客。如果把店開在英界的話，瑞麟覺得顧客根本都不敢走進店鋪。

當然要在中英街開店不是一件那麼容易的事，特別是對於一個來自香港的商人來說。沒有當地人的配合，基本上是不可能成事的。中華人民共和國成立後，黃金流通受到管制，由國家統一管理，這意味著民間不能自由買賣黃金。直到改革開放後，中國才逐步開放黃金飾品市場。在嚴格的監管下，瑞麟必須與持有有效金牌的內地商人合作，才有可能打進中國市場不久後，瑞麟成功找到深圳當地的合作夥伴，正式在中英街開店。該店的面積足足有七千多呎，開張以後馬上成為整條街道上最大的金行。金行打正旗號掛上「謝瑞麟」的招牌。瑞麟的夥伴則扮演管理人的角色，負責支付租金、繳交稅項和招募人手。他可以從瑞麟那邊獲得佣金作為回報。實際上所有貨品都是由瑞麟這邊負責供應。瑞麟和合作夥伴各派一代表坐鎮店內的帳房，保障雙方的利益。

結果這店一個月下來賺得 3,000 多萬元的營業額，可謂大獲成功。當初建立這店的時候，瑞麟投放了接近 700 萬元的資金。曾經有人勸他不要那麼衝動：「你第一次在大陸開店應該審慎行事！要不然給人吃了也不知道發生什麼事呢！」但瑞麟卻對此店充滿信心。

「你應該自己去看看。那裡有那麼多金鋪，說明了什麼？肯定是大陸的人對金飾很有需求呀！」他堅定地說，「香港還沒有人進去，我們現在走進去是搶占了頭啖湯，對不對？」

可是，人算不如天算，店鋪開了不到兩年就被迫結業。開店的時候，瑞麟又怎會料到中國將掀起一場勢不可擋的學生民主運動？

1989 年發生的事件就像死神的鐮刀一樣，無情地割斷了一代人對中國的希望。特別是在香港，人們感到萬念俱灰，就像被鬼魅粗暴地自美夢中喚醒一樣，醒來了只剩下恐懼和無助。自六七暴動後，香港又再一次爆發移民潮。這次的移民潮來得比上次猛烈得多，很多人害怕中國，更害怕香港回歸後的前景。

跟當年一樣，瑞麟卻完全沒有移民的打算。雖然孩子們都在美國唸書，瑞麟大有理由離開香港前去會合子女，但他關心的卻仍是如何穩定軍心。瑞麟繼續擴張業務，他覺得他唯一可以做的就是保持公司的運作。跟六七暴動時一樣，他覺得不管發生什麼事情，公司是絕不可以停下來的。站在個人的角度，他只能默默期盼籠罩社會的陰霾可以盡快消散。

在敏感的政治背景下，中國政府加強對邊境地區的控制及監察。中英街一帶在事件發生後變得像死城一樣，很多商鋪都停止營業，或者直接關門大吉。有一段時間，瑞麟甚至需要乘坐警車進出該地區。因為生意大跌，瑞麟不得不暫時中止在中英街的業務。那時候，該店的員工總數多達 100 人，規模可見一斑。瑞麟感到無限可惜，只能慨嘆該店生不逢時。

*

然而，瑞麟一直沒有打消在中國開店的念頭。從南到北，他周遊各省，希望尋求新的機遇。

結果，他不知怎的跑到哈爾濱，結識了當地一間石油公司的老闆。神奇的是該老闆正好擁有售賣黃金的牌照。當時在中國的商人就算擁有金牌，仍很難買到黃金經營金行。瑞麟有的是貨和品牌，該老闆有的則是牌照和關係。兩人一拍即合，決定合夥投資開店。

1993 年，瑞麟親身來到哈爾濱中央大街，出席金行的剪綵儀式。金行開張在當地成為一則大新聞。人們見有黃金可以買，馬上瘋湧而至搶購金飾。開幕當天，店內的飾櫃更被熱情的顧客推到東歪西倒。瑞麟也有點被顧客的反應嚇倒，但很快他就轉驚為喜，露出非常滿意的笑容。「很好，很好！」瑞麟豎起大姆指，不斷誇獎員工。

好事成雙，瑞麟的珠寶金行於同年進駐上海，於伊勢丹百貨店設立公司在國內的第一個零售專櫃。不久後，瑞麟位於沙頭角的店舖也重新投入運作。至此，華北、華東以至華南地區皆有「謝瑞麟」的蹤影。

第十七章｜飛龍在天

1993 年，彌敦道。

「砰！」

聽到槍聲後，偉東在家裡往窗外偷看，赫見一個男人手持步槍站在信和中心的正門前。那個男人戴著黑色的頭套，不停左張右望，一臉焦急。在他身旁有一輛計程車，車門全打開了，彷似萬事俱備只欠東風一樣。偉東這時才發現原來還有另一個戴著頭套的男子在街上。他用槍脅持了一個女人。那女人看起來非常害怕，面容幾近扭曲。

「發生什麼事了？嚇死人了！」偉東在心裡喃喃自語。「咦？還有一個人？」

第三個男人從一間金行走出來，其餘兩人見狀，馬上準備上車。偉東看不到另外一邊的情況，只見持槍的男人向著前方開了幾槍才鑽進計程車。計程車隨即絕塵而去。接下來數分鐘，偉東不斷聽到槍聲、叫嚷聲和警車聲……

此時，偉東年邁的母親從房間走出來，問偉東：「外面怎麼那麼吵了？」

「打劫了！賊人還拿著槍在街上亂射！真瘋狂！」

「那麼可怕！那賊人呢？已經走了嗎？我們會不會有事的？」

「我想他們已經走了，我們應該安全的……我聽到很多警車聲，應該是在追他們吧。媽，最近太多金鋪劫案了！你這段時間就不要去金鋪了，太危險！警察又破不了案，抓不了人，唉，真沒用！」

那間被打劫的金行正正就是瑞麟的店。

案發後，瑞麟很快就接到該店經理的來電。得知情況後，瑞麟連忙趕到店裡安慰員工。萬幸的是，員工都沒有受傷，大多只是受驚而已。然而，有一位女路人卻不幸中流彈喪生。

瑞麟回家後，坤儀馬上跟他說起此事：「我剛才在新聞上見到我們的店給搶了！太可怕了！有沒有什麼損失？」

「唉，我去店裡看過情況了。沒了 300 多萬！那些賊人真的是瘋了，還拿著 AK47 亂射！不過幸好夥計都沒事。」接到消息以後，瑞麟四處奔走，又不斷打電話，回家後已經筋疲力竭。

瑞麟繼續說:「可是有個路人死了。那些賊人真的沒有血性！」

「知道是誰幹的嗎？」坤儀問。

「現在還沒有確定。不過警察那邊鎖定了葉繼歡。」

「又是他！到底他要搶多少才可以罷休啊。」

「唉，我唯有安慰自己，因為自己的店名氣夠大，才會給賊王看上。搶了一次又一次。」瑞麟自嘲道。

*

自 1980 年代初期開始，香港的金行劫案頻生。踏入 1990 年代初，搶劫的情況日益猖獗。曾經有金行的太子爺就因為與賊人糾纏而被殺，弄得行內人心惶惶。有很多賊人是由中國偷渡至香港的非法移民，當中更有一些是退伍軍人。打劫金行的賊人往往帶備槍械，甫走進金行，即向天花板開槍大叫：「打劫！把首飾全部拿出來！」

葉繼歡是其中最惡名昭彰的賊王。他曾經打劫多間珠寶和手錶行，有一次更在觀塘物華街連環搶奪5間金行。他行劫的時候，總愛拿著步槍在街上肆意掃射，因此被警方定為高度危險人物及頭號通緝犯。

瑞麟的店則曾多次被葉繼歡「光顧」。瑞麟見劫案造成不少傷亡，於是設立了撫恤金援助劫案的死傷者及其家屬。

葉繼歡最終於 1996 年落網。諷刺的是，他犯下的這幾樁大案竟間接提高了瑞麟的店舖的知名度。人們提起葉繼歡的時候，總會口沫橫飛地描繪他拿著 AK47 步槍站在「謝瑞麟」前的一幕。同樣地，當人們談到「謝瑞麟」的時候，第一時間想到的就是：「啊！不就是葉繼歡最喜歡搶的店嘛！」

瑞麟經營的零售業務在 1990 年代初進入全盛時期。單在香港，瑞麟就擁有超過二十間分店。「謝瑞麟」與許多老字號看齊，成為本地家喻戶曉的珠寶金行。除了香港和中國外，瑞麟的業務也延伸至東南亞一帶，在臺灣、新加坡和馬來西亞都設有分店，公司的年度純利達到一億元。正所謂樹大招風，瑞麟的店會成為賊王的目標自然一點都不稀奇。

有朋友擔心瑞麟的人身安全，勸他減少外出，或者請幾個保鏢隨行。「人怕出名豬怕肥。畢竟你現在已經出名了，賊人自會認得你！」他們提醒道。

瑞麟卻不以為然，「要搶都輪不到我啦，你們放心好了。香港地遍地黃金，有錢佬要幾多有幾多，排隊排到沙頭角，對不對？」

話雖如此，瑞麟的生活其實已經出現天翻地覆的改變。

他在社會的地位名望越來越高。最令他自豪的是，太平山青年商會以他對社會貢獻良多為由，委任他為永遠榮譽會長。他一直保留著那塊委任牌座。他也非常活躍於各種上流社交場合，經常出席不同的宴會和晚會，今天是某某機構主辦的慈善晚會，明天則是某某大亨為女兒張羅的盛大婚禮。場內衣香鬢影，有許多花蝴蝶在翩翩起舞，瑞麟很是享受這些輕歌曼舞的時刻。在這裡，他再也不是那個穿著破衣服在街上收爛銅爛鐵的窮小子，他是活脫脫的一位名流紳士。

＊

「謝生，今晚是最後一場了吧？」阿誠問。

「對呀！我的喉嚨快不行了，幸好這晚就結束了，要不然我接下來幾天肯定說不出話來。」

房車一直往海洋中心的方向駛去。

「謝生，要聽新聞嗎？」

「好的。」

阿誠扭開了收音機。忽然他好像想起了什麼，「對了，謝生！今天珠寶之星跑第一呀！」

「哈哈，對呀！沒想到牠那麼本事呢，哈哈！不過工場有點事，我去不了拉頭馬，真可惜！」

「哎呀，拉頭馬很威風呀謝生。」

「我當然知道呀！不過沒有辦法了。」

不消一會，瑞麟已經抵達海洋中心。他急步走進電梯，按下「四」字。電梯內有人悄悄地跟身旁的人說：「喂，你看那邊，那個是不是謝瑞麟？」

「誰呀？」

「開金鋪那個。」

「啊啊，是嗎？」

瑞麟早已習慣這種竊竊私語。當電梯門打開後，他馬上往海洋皇宮大酒樓的方向奔去。瑞麟進去以後，看到酒樓內座無虛席，人聲鼎沸，氣氛非常高漲。員工看到瑞麟馬上跑過去接應。

「今天還是很熱鬧呢！」瑞麟說。

「嗯嗯，今天是最後一晚了，大家都玩得很瘋狂呢！」

現場其實是「謝瑞麟」旗下的黃大仙金會的周年晚宴。瑞麟於 1980 年代末開始設立黃大仙金會。其實社會當時已經有很多類似的「供會」，除了金會外，也有月餅會及臘腸會等。「供會」的形式一般不外乎申請入會成為會員，然後定期供款，完成供款後就可以換取到實質的物品。而金會換到的自然就是珠寶金飾。雖然香港的經濟一直蓬勃發展，但不是每個小市民都可以，或者願意一次性的把錢全部出來買首飾。金會就給了他們一個方便，可以用分期儲蓄的模式，積少成多，換領心頭好。

其實開設金會本身並不能為公司帶來太多直接的利潤收益，但它卻可以為店舖招徠一批忠實的顧客。參加金會的大多是主婦，金會對她們來說是一個社交平臺。她們每月到店裡供款時，會與店員談天說地。很多時候，就這樣在店裡坐上一整天。同樣地，店員也會通過金會，積極聯繫會員增進彼此之間的感情。

瑞麟特意設立一個部門專門負責金會的公關和組織工作。每年，金會都會組織一次免費的會員旅行，由公司負責所有的行程、交通和膳食安排。到了黃大仙誕的時候，金會又會安排會員一併前往黃大仙廟參拜。拜神後，更會接送他們去位於旺角美美大廈的分店，一起吃燒肉及玩抽獎遊戲。然而，會員最期待的還是每年一度的晚宴。

黃大仙金會的周年晚宴通常於每年 12 月舉行，地點必定選在海洋皇宮大酒樓。因為只有這裡才有足夠的空間容納一眾會員。這年參加晚宴的人數突破歷史新高，公司需要連續包下整個酒樓 16 晚才能招待所有持票的會員。海洋皇宮有大概 100 多圍桌，換言之，可以容納 1,000 多個客人，16 個晚上不就等於招待了接近 2 萬人嗎？

「大家吃得開不開心？我看到大家都吃得津津有味。」司儀重新站到臺上，拿起麥克風。

臺下的客人熱情地回應，不停說：「好好吃！」。也有人大叫：「吃不夠！再來！」惹來不少笑聲。

「不用擔心！接下來還有很多菜，包你吃到飽！」司儀接著說：「不過現在大家暫時休息一下。因為有一個人來了，他說很想見見大家！如果前幾天有來的話，肯定知道我們接下來有壓軸的表演。」

現場馬上爆出熱烈的歡呼聲，大家開始哄動起來。

「大家都急不及待了嘛，好，那麼就有請謝瑞麟珠寶金行主席謝瑞麟先生上臺！」

瑞麟上臺後，歡呼聲更加熱烈。他儼如明星一樣站在臺上，臺下有不少人爭相舉起照相機拍照。司儀問瑞麟要不要跟客人說些什麼。瑞麟接過麥克風：「謝謝大家捧場，很開心見到大家。今晚是這一年晚宴的最後一晚了。今年我們包了 16 晚的場，破了紀錄！謝謝大家的支持！當然也要感謝所有夥計！」

臺下掌聲不絕，員工們更是激動地頻頻叫好。他們這段日子為了晚宴的事，一直忙得天昏地暗。這一晚對他們而言就像是慶功宴一樣。

司儀問瑞麟：「謝先生，聽說你為了今晚，特意每天練習，待會要為大家獻唱幾首歌？」

「對！」瑞麟肯定地回答。臺下又是一輪掌聲和歡呼聲。

「謝先生果然有自信！那我就不妨礙大家欣賞謝先生美妙的歌喉了，有請謝瑞麟先生！」

瑞麟不喜歡獨唱，覺得自己一個唱歌不夠意思。所以他找來一位女員工與他一起合唱。音樂響起，大家很快就聽出來那是湯寶如和張學友合唱的《相思風雨中》，馬上亢奮地喝采起哄。有誰會料到已近花甲之年的瑞麟居然會挑選一首當紅的流行曲來獻唱？

瑞麟很重視客人的心情。他覺得既然要娛賓，就一定要拉近與他們之間的距離，所以堅持找員工陪他練習流行曲。「謝生，你真的很趕得上潮流啊！」員工誇獎他。瑞麟笑說：「難不成要我唱帝女花嗎？」

一曲完畢後，臺下反應非常熱烈，掌聲如雷。瑞麟說：「我想請臺下的女士幫幫忙，陪我一起唱接下來的歌。」

幾十個女員工和客人不顧儀態，爭相衝到臺上與瑞麟合唱。每當瑞麟唱完一首歌後，他都會跟臺上的女士逐一握手，又會派紅包給她們。

「謝謝！謝生，你真的好帥！」

「謝生！今天見到你真的很開心！」

「謝生，我終於可以跟你握手了！我今天不要洗手啦！」

就像見到男明星一樣，女士們瘋狂尖叫。不管她們是受宴會的氣氛所刺激，或者因為她們本身崇拜瑞麟，抑或因為她們收到瑞麟送贈的紅包而興奮，不管原因是什麼，那一刻她們真的因為瑞麟而感到很高興、激動。畢竟很少有上市公司的主席會那樣親民。瑞麟不但親臨晚宴，甚至高歌獻技，與眾人打成一片。對她們來說，一張與瑞麟的合照的確價值千金。

瑞麟在晚宴上一口氣唱了 10 多首歌。等到曲終人散的時候，已經深夜了。瑞麟拖著疲倦的身軀回家。但當他一想到被女士們包圍簇擁的情景時，立時笑逐顏開。

坤儀見狀，便問瑞麟：「你笑什麼了？」

「沒有什麼。想到晚宴那麼成功，就覺得很開心而已。」

這一晚瑞麟睡得非常，非常的香甜。

*

1994 年，謝家的么子終於學成歸來。

瑞麟當年把子女送去外國唸書的時候沒有想太多的事情，只是一心打算讓孩子多學習。但他也理所當然地認為公司最終會由兒女接手，他們回來香港幫忙打理家族生意只是時間的問題而已。

達明是家中的長子，最早出國，也最早完成學業。中國的家庭一般都以長子為先，家業的繼承自然也落在長子身上。當達明碩士畢業後，很自然地，瑞麟就開始叫他回來幫忙家業。誰知道，達明居然堅決反對瑞麟的提議。他更藉機向瑞麟表明心跡，告訴瑞麟他一直都對家業完全不感興趣。「對不起，爸爸。我真的不想繼承公司。我的興趣是讀書。我打算在這邊繼續攻讀博士。我不想回去香港了。我喜歡這邊的生活。」達明意志堅定，不留一絲餘地。

瑞麟第一個反應也不是憤怒，他只是覺得莫名其妙。「這孩子十居其九是讀書讀壞腦了！」其實達明也是一個很懂事的孩子。大學畢業後，他就沒有從瑞麟那裡再拿過一分錢，執意要自力更生。瑞麟深知達明的脾性，就打算先由著他，以後再作打算。其實瑞麟可以想得那麼開，主要是因為他還有達峰這個么子。達峰從小就流露出對公司的興趣，這點瑞麟是看在心裡。既然達明強迫不得，瑞麟自然就把所有希望傾注在達峰身上。對瑞麟來說，這間公司是他一輩子的心血和成就，一定得由謝家的子孫延續下去。

闊別十載，達峰變成什麼模樣了？

「今天是你第一天正式上班。有些老員工認得你，但還有很多人沒有見過你。你要自我介紹一下。」這天起，瑞麟不再是獨自一人返回公司。達峰走在他旁邊，努力追上他的步伐。

回到公司後，瑞麟帶著達峰跟一些員工打個招呼。

達峰架著眼鏡，梳了一頭整齊的短髮，外表斯文有禮。「你好，我是 Tommy ！多多指教！」達峰熱情地與員工握手。太子爺由美國回港的消息早已傳遍公司。大家見到達峰的時候都顯得有點小心翼翼，生怕給他留下一個壞印象。

後來，瑞麟和達峰見到黃輝。瑞麟說：「阿輝！ Tommy 從美國回來了，今天開始上班。」

黃輝見到達峰後顯得非常開心。他笑不攏嘴地說：「嘩，好久沒有見了，都長這麼大了！」

「叫人吧。他是黃輝，還記得嗎？」瑞麟跟達峰說。

「嗯，當然認得。」達峰說。「輝哥之後請多多指教！」

「他樣子沒有怎麼變吧？」瑞麟問黃輝。

黃輝看著達峰，思考了一會說：「沒有，其實樣子都差不多。不過現在可是個小帥哥了！哈哈！麟哥，你現在有 Winnie 和 Tommy 回來幫忙，真的是如虎添翼！」

Winnie 是穎怡的洋名，她比達峰早一點加入公司。穎怡沒有強烈的意願要繼承公司。只是當初碩士畢業後瑞麟叫她回來幫忙，她就順理成章地在公司工作了。穎怡唸的是數學，瑞麟安排她協助管理「中國隊」。達峰跟穎怡不一樣，出國讀書的時候，他心裡就定下明確目標要回來幫忙打理家業。到了美國後，達峰的成績突飛猛進，最終考上波士頓大學主修工商管理。本科畢業後，他又跑去強生公司打工，負責生產方面的預測分析，希望獲取一點實戰經驗。達峰表現拼搏，獲得上司賞識。他告訴上司，希望可以繼續進修，學習更多的東西。後來公司資助他攻讀了一個數學碩士學位。在美國的時候，達峰也特意選修了很多外語課，因為他覺得學習語言才能幫忙瑞麟的出口業務。為了練好英語，在大學要分組學習的時候，他必定跟外國人或者英語好的同學一組。「不能浪費時間！」達峰時刻提醒自己。

其實瑞麟也不太清楚達峰在美國的生活。幾個孩子雖然都在美國讀書，但瑞麟總是離不開公司。所以這麼多年來，他也只是探望過他們幾次，也沒有出席他們的畢業典禮。不過，瑞麟對達峰的器重是無容置疑的。他安排達峰負責管理香港的零售分店。對瑞麟和公司而言，這是最重要的一環業務。達峰沒有任何零售經驗，瑞麟卻願意委以重任，可見他對兒子的重視。其實，真正的信任和情感往往不用宣之於口。

面對父親的期望，達峰自然不敢怠慢。珠寶行業特別重視經驗和傳統，達峰知道自己是外行人，必須花上百分之二百的努力才能在最短的時間內掌握行業和公司的運作。達峰的拼搏程度不亞於瑞麟。每天由早上 8 時開始一直工作到凌晨 12 時。剛開始的時候，他甚至不太懂得叫秘書幫忙做事。因為他在美國早已習慣了獨立生活，凡事親力親為。

瑞麟見兒子沒有像紈絝子弟一樣不務正業，反而腳踏實地認真工作，心裡感到特別安慰。他和達峰以父子兵的姿態，每日準時上陣，為了公司的發展共同奮鬥。

*

一切看似美好。

然而，在毫無預警下，死神卻忽然來襲。

早一陣子，瑞麟已經感到身體有點不妥。他不知道具體是哪裡出狀況了，只是覺得胸口經常有很重的壓迫感。一開始他也沒有太在意，覺得自己是工作壓力太大而已，挺過去就可以了。後來，他無意中跟一位友人講起自己的情況，那位友人卻大為緊張，連忙提醒瑞麟要去做身體檢查。「你可能已經有心臟病了，我不是嚇唬你，只是心臟病發真的可大可小，可能你就會掛了！」

瑞麟一直很信任該友人，聽他這樣一說，馬上忐忑不安。最後瑞麟還是按捺不住，預約了進行身體檢查。

在診所裡，瑞麟按醫生吩咐做了一連串的測試。

醫生問瑞麟：「你感覺可以嗎？要先休息一下嗎？」

做完心電圖測試後，瑞麟其實已經有點上氣不接下氣，但他仍然故作精神，「沒什麼大問題……只是我真的有一點累，想休息一下……可能很久沒有做運動，一下子不太適應……」

「好，那你先休息一下。」

醫生轉過身後，瑞麟卻突然感到心臟不受控地抽搐。他的意識開始模糊……

替瑞麟進行檢查的醫生發現瑞麟暈倒後，立刻把他送進醫院。當晚，幾位醫生努力為瑞麟進行搶救。

瑞麟看到自己在鬼門關徘徊。他沒有辦法說話，只能看著自己遲疑的身影。

瑞麟的心臟停頓了兩次。

「我要死了……我要死了……」他連自己哭的聲音也無法聽見。

最後，瑞麟奇蹟地被救活了。瑞麟與死神擦身而過，醒來以後一直心有餘悸。「這條命真的是撿回來的！」他不停跟親友說，如果不是剛好有醫生在場，他早就一命嗚乎了。他也第一次感覺到自己變老了。雖然瑞麟已經五十有八，但他一直幹勁十足，工作時間從未縮減，精力跟達峰不相伯仲。可是，經此一役後，瑞麟突然驚覺自己已經不再年輕了。

手術後，瑞麟深深感受到健康的重要性。他聽從醫生的建議，決心培養良好的生活習慣。自此以後，瑞麟規定自己每天早上準時 6 時 45 分起床，吃過早餐後去外面做 75 分鐘的運動，然後回去公司上班。晚上準時 11 點入睡。瑞麟一直嚴格遵從這個時間表，風雨不改。

瑞麟的健康明顯好轉，他也很滿意自己身體的復元進度。只是他心理上還是焦慮不安，就像身體裡藏著一個計時炸彈一樣，不知道什麼時候爆發。休息一個月後，他立刻返回崗位。「不能浪費時間！」瑞麟時刻提醒自己。

＊

兩年後，達峰要準備結婚了。

瑞麟和坤儀當年的婚事是由雙方父母作主，到了達峰這一代，這套模式當然已經行不通了。瑞麟完全不清楚兒女戀愛交往的事情，往往到了談婚論嫁的階段，他才收到孩子的「通知」。

「爸、媽，我先送 Annie 走了。」達峰說。

待兒子出門後，瑞麟和坤儀自然馬上談論起這位未來媳婦。

「她不錯呀，大方得體，家教很好。雖然她個子小小，但眼睛大大，看上來還蠻機靈的。」坤儀說。

「跟你年輕的時候有點像呢。」

「哈，對呀！她也是叫阿儀呢！」

瑞麟笑而不語。坤儀接著說：「兒子的婚禮你一定要搞得風風光光！」

「這個當然啦，親家也肯定有要求。」

安儀出身小康之家，生活條件豐裕。跟達峰一樣，中學的時候就被送往美國讀書。達峰和安儀同樣就讀波士頓大學，不同的是安儀唸的是電腦工程。把他們拉在一起的是他們共同的信仰。達峰和安儀都是虔誠的基督徒，他們是在團契裡邂逅對方的。安儀比達峰小，達峰一直以來就像哥哥一樣照顧著安儀。

達峰和安儀在街上牽著手散步。

安儀緊張地問：「剛才我的表現怎樣了？」

「很好呀！非常好！」達峰給了安儀一個肯定的笑容。「你這麼漂亮可愛，誰會不喜歡你了？」

「我覺得你媽媽真的很疼你呢！謝先生很客氣，不過我不知道他心裡有什麼想法，畢竟第一次見……」

「他不會有什麼啦！別看我爸一把年紀，有些地方他是很開明的。不過當然啦，他的背景和我們很不一樣。說話有時候可能很直接，你習慣就好了，哈哈。」

安儀定睛看著達峰。達峰問：「怎麼了？」

「你真的很崇拜你爸爸呢。」

「是嗎？」像被看穿了心事一樣，達峰微微一笑。「我只是覺得他真的是一個很努力的人。他沒讀過什麼書，因為我爺爺奶奶家裡很窮。他由打金師傅做起，之後開自己的工場。不懂英語，居然又可以做到出口。後來開了自己的店，甚至把公司上市。我覺得他真的很厲害。」

「所以我想跟他一樣。」達峰看著遠處萬家燈火，陷入自己的小世界裡。

安儀默默看著達峰，她很喜歡看著他認真的模樣。

達峰突然一臉歉意。「對了，我一天到晚都在公司，真的對不起。沒有什麼時間陪你。」他說。

安儀搖搖頭，笑說：「不會呀。你是太子爺，如果不用心一點，員工可能會說你壞話呢！」

她繼續說：「我就是喜歡你認真。如果你整天都陪在我身邊不做事，我反而要怕呢！好像游手好閒之徒一樣。我才不喜歡呢！」

「不過我不會像我爸一樣只顧工作不理家庭的，」達峰說，「有了孩子以後，我一定要有很多很多 family time ！不管每天怎麼忙都要跟他們聊天，假期的時候帶他們去旅遊……」

安儀馬上接話：「還有陪他們讀聖經和講睡前故事！。」

兩人相視而笑。達峰說：「想到我們一家七口的生活就覺得很興奮了！」

「為什麼突然是七口的？不是說生三個而已嗎？」

「不如生五個吧！熱鬧一點，孩子們也有伴。」

「好啦，你喜歡就可以啦。對我來說，只要可以跟你一起，我就覺得很幸福了。」

不久後，瑞麟就為達峰舉辦了一個隆重的婚禮。一對新人非常甜蜜恩愛，羨煞旁人。瑞麟看著最小的兒子成家立業，心裡也很激動。這一刻，他覺得自己總算是盡了父親的責任。

*

轉眼間，香港快要回歸中國。大家最關注的卻是屢創新高的樓市和股市。八九年事件以後，香港社會曾陷入一片恐慌。但在臨近回歸的這段時間內，樓價和股價卻節節上升，市道暢旺，社會瀰漫著一片昇平的感覺。很多人通過投資房地產和股票市場而獲得巨利，身家暴漲。瑞麟就是其中一分子。

其實在 1990 年代初的時候，瑞麟又故態復萌，開始投資房地產和競買地皮。他一直沒有放棄對房產的執念。當他成功擴張公司的零售網絡後，開店已經不能滿足他的雄心。他一直想著一個更遠更大的目標：「我要買下一些大樓，改建成一個珠寶城。」

他身邊不乏支持者。他有很多做地產的朋友，無獨有偶，這些朋友全都積極鼓勵他投資物業。這些日子，他彷彿只聽到「低風險高回報」六個字。銀行也鼎力支持瑞麟，總是豪氣地借錢給他投資。八成，甚至是九成的按揭，不消一會就批出了。他們幾乎是要把錢硬塞給瑞麟。

樓市和股市報捷連連，瑞麟公司的股價和瑞麟的身價也浮雲直上。到達巔峰時，瑞麟擁有 20 多億的財產，公司市值高達 60 億。他更以 5 億元購入尖沙咀一幢大廈，驚動社會。

一位記者幾經辛苦終於成功爭取到與瑞麟進行專訪。接近訪問尾聲，他問瑞麟：「謝先生，你有沒有考慮過退休呢？公司現在的成績那麼好，你可以放心交棒給兒子了吧？」

「退休？我從未想過呢！」瑞麟顯得有點錯愕。「不會，當然不會退下來。我的黃金時代才剛開始呢！」

第十八章｜亢龍有悔

九五，飛龍在天，利見大人

《象》曰：飛龍在天，大人造也。

上九，亢龍有悔

《象》曰：亢龍有悔，盈不可久也。

物極必反。世界沒有永不倒下的巨人，也沒有永不崩塌的帝國。

*

1997 年 7 月 1 日，香港正式回歸中國。交接儀式在晚上十一時半舉行，中英雙方派出元首級代表參加。可惜當晚天公不造美，一直下著滂沱大雨。這是否代表了一些不好的預示？

*

「阿良怎麼還不來？已經八時多了。我知道其他人不來，他們打了電話給我。但阿良呢？他一向是最熱心參加聚會的。」

「估計他不會來了。」

「他怎麼了？」

「他哪有心情？你知道他在最高峰時入市，買了四個單位嗎？現在全變了負資產！」

「嘩，那怎麼辦？」

「可以怎麼辦？雖然說他是跨國企業高層，一下子又怎麼可能消化那個數目？聽說他唯有硬著頭皮向他岳父借錢。那個平常他最厭惡的老狐狸。」

「喂，陳老闆，這裡！這裡！」

「對不起，遲到了。」

「陳老闆果然貴人事忙。」

「好了，不要揶揄我了。我一直跟供應商開會。唉，我的公司可能捱不住了。說實在的，我從來沒有見過市道那麼差。過去一直都很好景……」

「你起碼有一間公司……我每天都過得很緊張。我沒有老張那麼狠，但我也買了不少股票。公司內部已經公布了，今年起碼減薪 15%。我還收到消息，其他部門開始派大信封。我的女兒剛開始上學，如果我丟了工作，怎麼辦？我沒有靠山，一家上下靠我開飯……我不如死了算！」

「阿博，你不要這樣，我真的擔心你做傻事。我不是跟你說笑，我是認真的。你們有看新聞嗎？就前幾天，長洲有人燒炭自殺，他是我的舊同事。」

「胡顯洋，你就好了，現在你最安全。教書是鐵飯碗。」

「對啊，阿洋。以前我們聚會，你總是說，你是我們八六級裡最窮的一個。你這個知識分子現在可以見識到我們這群滿身銅臭的人如何墮落了。」

「你們這是什麼話？大家都是同學，難道我想你們死？在這場風暴中，每個人都是受害者，好不好？日子怎樣苦都要過，大家都是坐一條船。」

五個三十多歲的男人相對無言。或許他們正在後悔沒有取消這個班級聚會。自從大學畢業後，這班新晉社會菁英總是選擇在一年中最炎熱的時候，於中環這家高檔餐館舉行聚會，從未間斷。或許他們根本不在意眼前的尷尬局面，他們只是各自發愁，想著瞬間蒸發的金錢和美夢，以及取而代之的債務及暗淡的前景。畢竟，這一年是特殊的。

一場金融風暴將香港的經濟擊落谷底。一年多前，香港準備回歸中國；一年多前，香港的股市及樓市是採之不盡的金礦；一年多前，炒樓和炒股體現了香港的集體精神——無分階級彼此，男男、女女、老老、幼幼、富富、窮窮，炒啊炒啊，抱著同樣的希望，希望炒出一盤盤黃金。現在，人們已經無暇審視回歸對香港的影響。他們也漸漸放棄關注新聞，反正他們看到的盡是「XX公司減薪……裁員……倒閉……」、「XX富商攜妻兒跳樓」、「恆指失守XX關口」等等倒胃口的標題。就算最後政府成功擊退大鱷，那也肯定只會是慘勝。

金融風暴直接導致地產市場泡沫爆破，很多人在幾個月之間由千萬業主變成負資產一族。其實香港回歸前的「盛世」，很大程度上是由中英雙方合力營造出來的美麗的假象。然而，很少人有興趣去深究箇中原因，大家關注的是如何可以獲得最大的回報。當時通貨膨脹嚴重，出現負利率的情況。對普羅大眾而言，與其讓銀行裡的儲蓄不斷貶值，倒不如拿去投資。急速升溫的樓市就像一塊大磁鐵，不斷將人們吸引過去。所謂「執輸行頭慘過敗家」，大家唯恐落後於人，於是競相入市。結果，大家卻一塊遭殃，損失慘重。

*

瑞麟跟很多人一樣曾奮力地躍進炒賣的浪潮中，最終也無力抵擋眼前這場風暴造成的破壞。隨著香港的股市和樓市接連崩解，瑞麟的公司也一下子債臺高築。銀行紛紛變臉，步步進逼，要求立刻償還貸款。瑞麟見情勢危急，在不得已的情況下推出史無前例的十億珠寶大傾銷活動。轄下的分店以接近成本價的價錢促銷存貨，名副其實「要錢不要貨」。結果瑞麟套現了幾億元的現金，又在短時間內賤賣了多個物業。即便如此，距離還款目標還有很大的一段距離。瑞麟本身也因為投資失利而負債累累。債主們並未讓瑞麟有喘息的空間，他們急欲宰割這隻受傷的羔羊，相繼入稟法院要求頒令瑞麟個人破產。這時候，每個人都變成掠奪者，意圖掠奪一切生存資源。

這只是連場噩夢的序幕。

就在瑞麟被債務問題弄得焦頭爛額的時候，謝家迎來謝嫂病逝的噩耗。從小到大，謝嫂一直是瑞麟的精神支柱。瑞麟的孩子也是在謝嫂的悉心照顧下成長。謝嫂的離世對謝家上下造成巨大的打擊，整個家裡彌漫一片愁雲慘霧。然而嚴苛的現實把瑞麟悲傷痛心的權利也給剝奪了。他必須壓下傷感，盡快處理當下的危機。這危機不但影響謝家，更關乎公司所有員工的命運。

*

瑞麟、坤儀、穎怡和達峰圍坐在飯桌前，神色凝重。

「情況怎麼了？銀行那邊怎樣？」坤儀問。

「跑過幾家銀行，他們都不願意幫忙。」瑞麟目無表情地說。

「唉，真是現實。在你風光的時候他們跟你稱兄道弟，天天邀請你吃飯喝酒。到你落難了，他們就把你當陌生人。人啊，就是如此。」坤儀替瑞麟感到非常不值。

瑞麟說：「我之前問過會計部，想看看公司還有多少流動資金。結論是怎樣算都不夠，填不了這筆數。」

雖然公司已經上市十多年，但瑞麟一直把它視為自己的私人公司。對他而言，「謝瑞麟」理所當然是屬於他和謝家的。在瑞麟的概念裡，公司賺的錢就是他賺的錢。或許，瑞麟從頭到尾都不理解「公眾公司」的真正含意。當初他申請把公司上市，很單純地是為了籌集資金。他知道作為上市公司每年要準備會計文件，也要召開股東大會跟股東交待公司的情況。「但不就是這樣了嗎？交給會計，他們自然懂得怎樣做一盤數出來。」瑞麟根本不明白私人公司與公眾公司本質上的巨大分野。這種認知上的偏差結果在日後造成無可挽救的局面。

坤儀轉向穎怡和達峰，「你們有沒有想到什麼辦法？」

穎怡想了一下。「爸，不如把公司賣了吧，這樣就應該可以清還債務了。」

「什麼？把公司賣掉？」瑞麟瞪大了雙眼。

「爸，不要緊張。我只是提出一個可能性而已，或許有其他更好的做法。」穎怡嘗試安撫瑞麟。

瑞麟馬上想到一個星期前的一幕。

瑞麟召集了零售分店的一些中高層員工在辦公室見面。其實他們已經心理有數，知道此行是「凶多吉少」。公司的狀況他們非常清楚，在現金流嚴重短缺的情況下，除了找人借錢應急外，剩下可以做的就是削減開支。

「大家都知道公司的情況……」平常瑞麟講話都非常洪亮，今天他的聲線卻有一點沙啞。

員工們一邊聽瑞麟講話，一邊等待他把那幾個字說出口。其實金融風暴以來，大小企業都紛紛裁員。在眼下這個環境，大家早有心理準備，隨時被辭退。其實瑞麟願意親自與他們見面講明情況，而不是冷冷地拋下一個通知，對他們而言，這個老闆算是不錯了。

他們沒想到，瑞麟居然越說越激動。

「我真的沒有辦法……你們都是很努力、很能幹的夥計，幫了我很多……」瑞麟的聲音開始顫抖。「你們都知道，我一向都不炒人，除非他做了很錯的事……公司現在真的很缺錢、很危急……我真的是走投無路，只可以走到這一步……我真的很對不起大家！」

員工看到瑞麟因為內疚而流下淚來，無不感到痛心難過。他們也很不捨得瑞麟和公司。有員工反過來安慰瑞麟，「謝生，你不要這樣，我們明白公司的情況，不會怪你的。你已經很好了，真的！」語畢，她發現自己居然也淚流不止。

瑞麟最終忍痛辭退了一些員工。他比勞工法例多賠償了他們一個月的薪水，希望可以減低事件對他們造成的影響，但瑞麟心裡始終感到很愧疚。

穎怡的話讓瑞麟內心的種種愧疚、憤怒、焦躁和無奈在瞬間被釋放出來。瑞麟內心不斷叫喊：「把公司賣掉……那不就是把我幾十年的心血一下子抹掉嗎？那我的夥計怎麼辦？好幾百人突然失業？現在市道那麼差，他們也很難馬上找到新的工作，他們的一家老少怎麼辦？又要重演上個星期的一幕了嗎？」他越想越激動。「把公司賣了……是找人頂讓嗎？不可以讓人用『謝瑞麟』這個招牌！『謝瑞麟』是我，我就是『謝瑞麟』！」

瑞麟說：「把公司賣了的話，員工們怎麼辦？」他竭力壓抑內心的躁動，刻意把視線挪到遠處的茶壺上。但家人們都觀察到他的唇在顫抖。

「爸，你先不要激動，萬事好商量。」

「爸，先喝一下茶吧。你有什麼想法呢？」

兒女們嘗試平伏瑞麟的情緒，他們很擔心瑞麟會因此而心臟病復發。

「不管怎樣都要保住公司，」瑞麟嘗試以平靜的聲線說，「怎樣都不可以把公司賣掉了。」

坤儀、穎怡和達峰面面相覷，一時間也不知道應該怎樣回應。他們當然知道瑞麟對公司的感情，但對於是否應該不管一切保住公司，他們到底還是有一點猶豫。

瑞麟明白他們的想法，繼續說：「你們阿爺沒有留給我家財，我本來就是窮光蛋，所以沒有什麼包袱。自己白手起家，說真的，錢財輸盡了，我也沒有什麼好說，就當打回原形。但這間公司不同，它是我多年來的心血。而且我還要照顧我的夥計，我有這個責任。所以公司一定不能倒。」

達峰看著瑞麟堅定的神情，明白他心意已決。那一瞬間，達峰心裡浮起一個奇怪的念頭：「如果公司倒了的話，可能爸爸也會死。」

達峰感到心中的熱血在翻滾，終於他說，「爸，讓我幫你吧，我要跟你一塊保住公司！」

看到父親的樣子，達峰心裡不期然產生一份強烈的使命感。他想到瑞麟以前經歷的各種辛酸，又想到他為了公司而拼命工作的模樣。瑞麟現在就像在戰場上獨力奮戰的將軍一樣，敵人的刀不斷擦過他的頸項。達峰自忖：「我一定要站出來，不然我會後悔莫及！」。

瑞麟沉默不語，一直看著達峰。他的眼神充滿了肯定、欣慰和感激。

最後謝家上下達成共識，無論如何都要死守公司。他們一直盡最後的努力，希望在期限前與債主達成協議。同時瑞麟已經出作最壞打算，安排達峰接手公司。

最後談判失敗，法院於2000年9月25日頒令瑞麟個人破產。瑞麟即時辭任公司主席一職，由達峰接任。達峰同時兼任公司的行政總裁。

＊

雖然說這是意料之內的事，但自從被頒令破產後，瑞麟的情緒一直很波動。

「錢沒有了可以再掙回來，這個我很有信心！」

「沒什麼，我死不了啦！」

「日子還得過，捱過了破產期，四年後不又是一條好漢！留得青山在，不怕無柴燒，對不對？」

在人前，瑞麟竭力擺出一副樂天的模樣。他沒有把自己藏起來，還是一如既往與朋友見面聯誼。別人都說瑞麟很厲害，沒有被一連串的事件打垮。但其實瑞麟的內心世界又有多少人能夠真正理解？

對瑞麟來說，錢輸光了倒也真的不是太大的問題，這點他比較看得開。當初他是靠自己的雙手打出一片天，只要公司還在，他相信自己有能力可以捲土重來。最令瑞麟難受的是要背負「破產者」這個身分。瑞麟想到，幾年前自己還是叱吒一時的珠寶大亨，經常出入風月雅致的場所，好不風光。現在，居然連坐一趟計程車或者想上一家比較好的餐館都不可以。「破產」是一個令人感到羞愧難堪的標籤，無時無刻提醒著破產者的失敗和落魄。

瑞麟不停研究撤銷破產紀錄的方法，想要盡快消除這個可恥的烙印。他根本沒有餘暇去意志消沉，心中只是一直想著要如何盡快收回失地。雖然瑞麟被迫辭任公司的董事和主席，但他從未想過真的要退下來，當下所有的安排都只是權宜之計。瑞麟以顧問的身分留在公司，每天如常上班，監察公司的運作。其實，有的時候已經難以分辨到底是瑞麟保住了公司，還是公司拯救了瑞麟。總之，公司一天還在，瑞麟一天都不可能讓自己倒下，他的人生還存在著一個不可動搖的目標和意義。

*

達峰在緊急關頭下接下了公司這個燙手山芋。突然黃袍加身，也不知到底是喜是憂。這個 30 歲出頭的年輕人一下子身兼多個重責。除了要幫助公司重整債務渡過財困的難關外，他還要代瑞麟追討抵押了的股票，把公司的控制權奪回來。

打從他自動請纓要替瑞麟保住公司的一刻開始，達峰就覺得自己的角色和責任已經不再一樣。以前他是一個放洋歸來的少東，在父親的庇蔭下學習成長，準備將來接手公司。現在他卻臨危受命成為公司的領袖。以前由父親扛起的擔子一下子就轉移到他身上。前路滿布荊棘，其實達峰也不確定自己是否真的有能力排除萬難，帶領員工渡過危機。不過他已經有身為領袖的覺悟，知道自己必須繼承父親的意志竭盡所能保護公司和員工，責無旁貸。「我一定要拯救公司，不可以讓公司傳到我手裡就栽了！」達峰心裡有一道聲音不斷鼓勵著他。

這段日子裡，達峰想了很多東西。他覺得唯一能拯救公司的方法就是改革，如果公司不改變的話，肯定會給時代淘汰的。

達峰進去公司工作不久後，已經萌生改革的想法。因為他是負責香港零售業務的，所以每天都會走到街上巡視店舖，也會留意其他零售店的情況。當時市道暢旺，公司生意興隆，但達峰已經隱約看到一些問題的端倪。他覺得當時的珠寶金行，不管是「謝瑞麟」還是其他公司都不太重視形象，競爭對手之間比拼的不是貨品的質素和服務的水平，而是誰的派頭最厲害、門牌最有氣派和裝修最豪氣。大家最喜歡的就是在面向街道的飾櫃裡擠滿一排排的金飾，顯示店鋪的「實力」。在達峰眼裡，這樣下去不是長久之計。

他經常跟安儀說：「我們是在吃老本，不可能永遠這樣的。我們要建立自己的品牌。爸爸以前是見步行步，但時勢已經不同了。我們要看長一點，遠一點。」

達峰也不只是光說不做。他看了很多零售有關的書，惡補自己的知識，又試圖跳出珠寶業的框框，吸收其他零售行業的經驗。那時候，他覺得香港只有幾個真正的零售品牌。其中，他特別欣賞佐丹奴這間時裝零售公司，它是香港最早推行顧客服務的零售店之一。受到佐丹奴的啟發，達峰決定把顧客服務引入公司，作為改革的第一步。同時，達峰又在公司成立培訓部，並聘用顧問公司協助培訓前線員工，教授他們英語和銷售技巧。他又積極贊助員工進修，支援他們考取海外機構頒發的鑽石珠寶鑑定證書。達峰很願意花錢投資在員工身上。他相信只要員工接受好的訓練，就可以提高自身的服務水平和銷售技巧，從而吸引更多的顧客。

然而，每一場改革勢必掀起一連串的風波，而每一個改革者都無可避免地招來舊制度裡的人的猜疑和抵觸。

有些員工很歡迎達峰推行的改革，有不少人更是因為聽說這間公司會提供很多培訓的資源而慕名加入。但有些老員工卻覺得達峰是多此一舉，盡做一些無用功。

「少爺一上場就搞東搞西，他就不可以讓天下太平嗎？」

「他畢竟是一個外行人，很多東西根本是不懂的。」

「你們稍安毋躁。年輕人放洋歸國想有一番作為是很正常的事，不是嗎？碰多幾次釘子以後自然會學懂什麼是可為，什麼是不可為。」

那麼瑞麟又有什麼看法呢？瑞麟的反應出奇地平淡。其實達峰曾經跟瑞麟提過要加強店鋪和商品的質素，不能永遠只靠大特賣或者划算作為賣點。瑞麟對經營和市場走勢自有一套看法，他自忖，「老子這一段路走過來可不是白混的。」

雖然瑞麟並不完全認同達峰的想法，但他卻從沒有阻止兒子試行改革。他不願意與兒子起正面衝突，而且他覺得自己既然把香港的零售業務交給他，就不應該從旁指指點點。瑞麟一貫以來只是看重結果。他也想看看達峰可以做出什麼樣的成績來。

瑞麟有時候也會向達峰作出一些暗示。

「細 B，做生意最重要是什麼？賺錢！每一分錢都要花得有價值，有實際效果。不是花多或是花少的問題，是有沒有意義的問題。」

「爸，我知道。」

「員工的想法都是一樣。你要幫員工賺到錢。別人開賓士，你買不起就算了，但起碼要開豐田，對不對？千萬不要讓員工淪落到只能騎自行車。那樣你做老闆也覺得醜，你明白嗎？」

「嗯，我明白的了。」

「我知道你有自己的想法。你記得我這些話就好。其餘的你盡管試試看。我給你免死金牌。」

「爸，謝謝！我會好好做的，不會讓你失望！」

*

達峰回過神來，瞥見桌上一堆等著他簽署的文件和塗得滿滿的日程表，不禁感到重重的壓迫感。

「主啊，請您憐憫我，聆聽我的聲音，給我一點力量。」達峰祈禱後感到心情平和了許多，休息一會後又馬上投入繁重的工作之中。

上任以來，達峰不斷加快改革的步伐。公司所遭遇的一連串危機更加令他相信自己的眼光是對的。對達峰而言，改革已經是刻不容緩的事，關乎到公司的生死存亡。在這時候，達峰的目標也比之前更為明確清晰。他希望把謝瑞麟打造成為一個國際珠寶品牌，就像卡地亞和蒂芙尼一樣。雖然這是一個很遙遠的夢，但達峰覺得公司無論如何都應該朝著這個目標進發，最值錢的不是貨品而是品牌本身。

達峰開始著手改變公司的路線和形象。他希望別人眼裡的謝瑞麟是時髦、摩登和別樹一格的。他覺得要營造這個形象就必須重新設計店鋪的外觀和裡面的布局。當時的珠寶金行的飾櫃擺設一般呈 U 型或者 II 型，達峰覺得這樣會對顧客造成很大的壓迫感，感覺給人團團圍住。於是他親自操刀，重新設計店鋪的外觀和裝潢。他增加了店裡的開放空間，利用飾櫃把店裡分成一組組的銷售區域。達峰也選了紫藍色作為企業顏色，換下以前流行的金漆招牌，在店鋪掛上新的紫底白字的招牌。其實達峰對品牌的名字也作出了改動。因為他希望公司可以變得國際化，於是在「謝瑞麟」前面加上「TSL」這三個代表謝瑞麟的英文字母。在公司內外，達峰都希望建立這個新的 TSL 的身分認同。

除此之外，達峰也開始改變公司的貨品組合。他希望把公司改造成時尚的珠寶店。於是他開始增加店裡售賣的鑽石珠寶的比例，又積極提拔珠寶設計的人才。達峰覺得公司有生產「洋裝」的底子，本來就可以走比較西化的路線，不應該浪費掉這些本錢。

達峰也有感公司的運作和管理已經過時，又開始從外面引進一些專業的管理人才。

雖然達峰是公司主席，擁有最終的決定權，但要在公司全面推行現代化改革其實比想像中要困難得多。來自老臣子的阻力越來越明顯。對他們來說，一浪接一浪的改革就好像洪水猛獸一樣。

「少爺以前怎樣都會看在謝生的份上，凡事留有餘地。現在卻一意孤行，好像變了一個人似的！」

「一直以來我們都是這樣運作，大家都賺到錢。為什麼非改不可？為什麼要無風起浪？」

「公司管得越來越多，以前我們做出成果就可以了，現在卻總是要向上面報告。什麼都要弄得清清楚楚……搞什麼鬼了？」

達峰無法向每一個員工清楚說明自己的宏志和想法。他一心想把公司變得更好，為了達成這個目標，不得不強硬起來捍衛自己的原則。他心裡藏著無盡的委屈，只能向安儀一人傾訴。

「有時候我也會想，我是否做錯了？我知道有些員工不開心，他們替公司工作了很多年，付出了很多。在他們眼裡我應該就是一個邪惡的、不中用的太子爺。」

「不要這樣想。你為公司付出的心血，別人都會看在眼裡。日久見人心，就算現在他們不懂，以後肯定會明白的。」安儀溫柔地說。

「公司不改是不行的，他們到底明白嗎？」

「這需要一點時間，你也不要那麼急，慢慢來吧。人一瞬間接受不了改變是很正常的事。」

「但這是很危急的時候啊。爸爸的股票還在別人手裡，公司的財政狀況還是很糟……」

達峰把頭深深埋在雙手裡。這兩年來，他日以繼夜地工作，完全沒有喘息的機會。這一刻，他真的感到累壞了，感覺自己就像在森林中迷路的人，走了幾天幾夜的路還是找不到任何出路。他覺得自己的意志快要給吞噬了，心裡不斷說：「好累，好累，好想放棄了……」

安儀看著達峰的樣子，感到非常心疼。她說：「不如我過來公司幫忙吧？」

「什麼？」達峰被安儀這句話嚇倒，連忙抬頭看著她。

第十九章｜患難與共

安儀自美國回港與達峰結婚後，未有放棄自己的事業。她曾經在摩托羅拉擔任軟件工程師，後來又換到IBM工作。安儀跟達峰在結婚前已經達成共識，不希望跟對方在同一個地方工作，怕影響兩人的關係。畢竟工作跟家庭是兩回事，兩個獨立的人在工作上自有不同的看法和處事方式。

但當安儀見到達峰疲憊痛苦的樣子時，她不禁自忖：「我到底在做什麼？老公自己一個人在公司苦戰，我居然還在外面替其他人打工也不回來助他一臂之力？」

其實安儀最大的心願就是陪伴達峰完成他的心願。達峰喜歡觀星，安儀就陪他跑到野外徹夜不眠；達峰喜歡吃魚蛋粉，安儀就陪他蹲大排檔。然而，安儀知道達峰最大的心願就是繼承公司，把它發揚光大。達峰對公司的情感安儀全看在眼內。他們倆最日常的約會活動就是去巡察店舖。有一次，適逢情人節，安儀更是陪伴達峰在店外派汽球給客人。有人可能會覺得這樣的生活很枯燥，安儀卻是樂在其中。對她來說，沒有什麼比與伴侶同行來得更為幸福。

「我們不是說好了不要一起工作嗎？」達峰問。

「我見你那麼辛苦，就覺得自己沒有用，都幫不上忙！」

達峰把安儀一擁入懷。「沒事，你一直都很支持我。」

「以前不同，你雖然忙但還是有休息的時間。但現在公司面對那麼多困難，你自己一個撐得很辛苦吧！我進去起碼可以幫你分擔一下。」

達峰猶豫了一下。「但你進來的話會很辛苦的。公司是自己的跟在外面打工不一樣，很多東西都要親力親為。還有，你也知道我們這些老派家族企業是很傳統。我怕你不習慣。」

「那就去適應呀。」安儀說。「總不能因為困難就逃避吧，我覺得應該做的事就應該去做。」

達峰繼續試圖說服安儀：「你是謝家的媳婦，這也是一種壓力。你明白嗎？別人都會看著你的一舉一動，評頭品足。」

「我知道呀，我知道不簡單。不過你會支持我的吧？」安儀露出一個甜美的笑容。

「當然支持。」達峰溫柔地說。

「那就行呀，最重要是有你的支持。我就躲在你背後好了，嘻嘻。」

最後安儀辭掉了原本的工作，加入公司協助達峰，夫唱婦隨。

*

達峰和安儀兩夫婦同心協力，希望盡快把公司拉回正常的軌道上。然而，一場「沙士」[1] 疫潮卻把他們辛苦重建的東西又吹至七零八落。

2003 年 3 月，一種神秘的非典型肺炎自中國大陸傳入香港，短時間內在社區大爆發，疫情嚴重。世界衛生組織向香港發出旅遊警告，又把香港列入沙士的疫區名單中。沙士的傳染性高，一傳十，十傳百，加上暫時未有藥物可以針對治療，弄得人心惶惶。為了控制疫情，一旦確診，感染者就會被隔離治療。每個人都提心吊膽，不知道哪天會因得病而被送去隔離區。新聞每天都會更新感染個案的數目，又會公布出現疫情的大廈名單，看得人膽戰心驚。

市面一片蕭條，不要說旅客不敢來旅遊了，連本地的居民都很怕走到街上。那時候，口罩是最受歡迎的商品，幾乎每個在街上的路人都戴上口罩，你盯著我，我盯著你，交換的不是眼神而是無法掩飾的恐懼。學校也全面停課，只剩下一班應屆公開試考生硬著頭皮戴上白面具趕赴考場。他們想著考試的成績、自己的將來以及那些不幸感染沙士而無法應考的同學們。

1「沙士」指的是嚴重急性呼吸道症候群，英名為 severe acute respiratory syndrome（SARS）。SARS 的粵語發音是「沙士」。在香港，一般會把 SARS 叫作「沙士」。

疫情持續一個多月後終於漸漸受到控制。5 月底，世衛撤銷對香港發出的旅遊警告。6 月底，香港終於從疫區名單中被剔除。

在短短數月間，共有 1,000 多人感染沙士，接近 300 人死亡。沙士之役也將漸漸復元的香港經濟又再一次擊潰，市面如同一潭死水。民眾對政府的不滿情緒越來越高漲，最後更引發 50 萬人上街遊行的「七一事件」。

為了盡快舒解香港的困局，中共中央政府與香港簽訂《內地與香港關於建立更緊密經貿關係的安排》，向香港的投資者提供多項優惠，讓他們更容易打入中國市場。中央又宣布開放「自由行」，簡化簽注申請的程序，讓國內的居民以個人身分來香港旅遊。「自由行」政策拯救了香港瀕臨死亡邊緣的旅遊業，也改寫了香港經濟的生態。自此以後，來自中國大陸的旅客成為了香港零售和旅遊業最大的客源。這既為香港帶來巨大的商機，卻也產生了日後種種的社會問題。

*

在沙士衝擊下，謝瑞麟的生意也受到嚴重影響。有一段時間，公司甚至只剩下幾個月的營運資金，形勢非常危急。就跟瑞麟以前一樣，達峰需要放下身段，四處找人借錢籌集資金。皇天不負有心人，達峰最終解決了困擾公司多年的債務問題，他提出的重組方案獲得全數通過。而他也成功追回瑞麟的股票，令謝家的股票持份回復到七成多。

達峰在董事會上興奮地感謝一眾董事的支持。此刻，他感覺自己就像挑戰者一樣，經過重重險阻，最終征服了這座魔山，登上了顛峰。他回顧自己走過的一段段漫長又崎嶇的路，不禁感慨萬千。他感謝造物主，也感謝對自己不離不棄的家人。達峰沒有沉溺於眼前的成果中，他心裡只是想著：「我要全力討回失地！之前落後於人的也要盡快追回來！」

那麼瑞麟呢？

雖然瑞麟僅能以顧問的身分待在公司，但他對公司的熱誠和執著卻未有絲毫減退。在他心裡，除了他的掛名身分不同了以外，其他的一切都是一樣的。然而事實上，有些東西的確是變了。比如說，他無法參加董事會參與最高的決策。他也漸漸發現，公司多了一些他不熟悉的臉孔，越來越多事情令他無法理解。不知不覺間，在他自己的眼皮下，公司居然變得有一點點的陌生。有時候，當瑞麟走在街上，看著自己的店鋪時，居然會感到有一種莫名的距離感。

瑞麟無法向他人表達內心這種奇怪的感覺，這種令人感到憂鬱、落寞的孤寂感。不過他很快就會強行抹去這些感覺。對他而言，眼前有更迫切的事情需要解決。瑞麟分秒必爭，一直爭取與債權人進行談判。只要在破產令屆滿前清還債務，他就可以消除破產令的紀錄。其實如果瑞麟願意等待破產令自動屆滿，他根本不需要為還債這件事苦惱，債務到時候自然會一筆勾銷。但瑞麟實在受不了「破產」這個惡名。雖然他為人實際，但其實他也同樣重視自己的名譽。

經過一番談判後，瑞麟終於與債權人達成協議，債權人願意免除其九成的債務。瑞麟向他們償還 1,000 多萬後，終於獲提前撤銷破產令。

2004 年，9 月 3 日。瑞麟永遠不會忘記這個日子。

這天，瑞麟穿上一襲整齊的西裝上庭。在庭上，當法官宣布他的破產令獲撤銷後，他恭敬真摯地連聲道謝。在庭外，瑞麟向守候的記者展露久違的充滿自信的笑容。

「謝先生，為什麼你要急於提前還錢呢？只是差 22 日破產令就會自動解除啊。」記者甲問。

瑞麟特意停下來說：「我要強調一點，我沒有破產，法官已經消除我的紀錄了。以後不要再說我破產了。」

「謝先生，現在你已經解除了破產令，你要重拾主席一職嗎？」記者乙問。

瑞麟擺一下手，笑說：「謝謝關心，我想很快吧。不過現在我沒有想那麼多，只是感覺很開心。」

瑞麟的確有一種鳳凰涅槃，浴火重生的感覺。他自忖：「今後所有東西都要重回正軌了吧！」

瑞麟和達峰父子倆躊躇滿志，希望帶領公司強勢回歸，重拾昔日的光輝。

然而，也不知道是老天愛捉弄人，還是故意考驗謝家，當大家以為一切雨過天青，否極泰來的時候，一場可怕的夢魘正在步步逼近，準備正面撲向謝家。

*

2005 年 4 月 19 日，謝家住所。

「嗶……嗶……嗶……嗶……」

「誰按鈴按得那麼急啦？」坤儀不耐煩地說。「我去看看。」

瑞麟和達峰兩父子相對而坐，卻沒有說話，氣氛僵持。他們正在談論瑞麟重返董事局的事情。與其說兩人在爭吵，倒不如說他們根本是在進行單向溝通，拋下自己的話後就都默不作聲。

瑞麟不理解為什麼達峰遲遲不願交出主席之位，讓他重掌公司。達峰也不願意好好跟瑞麟說明情況。他自忖，「難道我要直接跟你說，因為我怕你又給人騙了哄了，把公司的錢又撒光嗎？」這幾年來，達峰心裡藏了不少委屈，無法宣洩。他越來越不知道應該怎樣面對父親。

瑞麟當然也無法向達峰表達他心裡的失落。難道要他低聲下氣，向兒子承認自己的過失，跟他訴說心中若有所失的感覺嗎？「這些一切本來就是我的，物歸原主不是再正常不過的事嗎？追討股票你用的不也是我的錢嗎？」瑞麟心裡嘀咕著。當然他沒有把話直接說出來。瑞麟不喜歡吵鬧，他總是喜歡避免正面衝突。

此時，坤儀走近，臉色無比慘白。

瑞麟見狀急問道：「怎麼了？誰來著？」

坤儀結結巴巴地說：「是廉署的人……說有搜查令，要拘捕你們……」

父子二人相互對視，啞口無言。

後來，香港各大報章大肆報導了這事件。

原來廉政公署於 19 號當天的清晨展開了代號為「明珠」的搜捕行動。首席調查主任帶領幾十人在全港各處搜查，共拘捕了 7 男 4 女，其中包括瑞麟、達峰以及幾位公司的高層。廉署也拘捕了一間旅行社的幾名經理。廉署收到舉報，指控瑞麟父子向旅行社的職員提供非法回佣、涉嫌製造假帳瞞混稅務局並挪用公款。

瑞麟和達峰被扣查足足 48 小時。他倆被釋放後，守候在廉署外面的記者蜂擁而上。父子二人保持著笑容，但未有回答記者的問題就直接登上坐駕回家了。

回家後，坤儀和安儀沒有說什麼，只是叫他們倆快點休息。

翌日，瑞麟跟坤儀說：「打電話給達明吧，我想我們要知會他一下。」

達峰坐在一旁沒有搭話。從昨晚開始，瑞麟和達峰二人都沒有交談過。

坤儀說：「到底是怎麼一回事？我快急死了！」

瑞麟不發一言。達峰卻主動回應：「這真是說來話長。」

到底這其中發生了什麼事呢？事件可以追溯至十年前。

*

當時，「謝瑞麟」轄下擁有 5 個陳列室，陳列室的業務占了公司達 1/4 的營業額。陳列室跟零售分店不同，只招待旅遊團的團客。旅客哪裡來呢？那就得靠旅行社安排行程，由導遊帶領客人到來參觀並購物。公司會根據旅行社帶來的旅客數目及他們消費的金額，向旅行社提供佣金作為回報。

早在那時，就有人舉報「謝瑞麟」向旅行社的員工提供非法回佣。於是廉政公署開始展開調查，還曾派人去陳列室查問。提供回佣本身是合法的，在零售和旅遊業界非常普遍。「謝瑞麟」向旅行社提供回佣是沒有問題的，但如果是在旅行社老闆不知情或未經其同意的情況下，私下提供回佣予旅行社的僱員，那麼就是觸犯了防止賄賂條例。

鑑於廉署已對一些有關回佣交易產生疑心，公司高層遂召開會議商量對策。最後，公司決定展開代號為「占士邦」的行動，把回佣分為兩組系統，一組為 A 型回佣，包括公司給予旅行社的回佣，有會計紀錄。另一組為 B 型回佣，包括公司私下給予旅行社員工及導遊的回佣，並沒有會計紀錄。公司以兩種方式去處理B型回佣。首先找人開設離岸公司，名義上為集團提供旅行團中介服務，實際是作為資金轉移的工具。那些公司會把「謝瑞麟」支付的回佣從海外轉回香港，再由陳列室的經理以現金形式支付給導遊及旅行社的員工。

其實在正式啟動「占士邦」行動前，公司曾向合作的接近200間旅行社發出同意書，希望負責人簽署同意「謝瑞麟」向他們的員工及導遊提供回佣。結果，有一部分的旅行社並沒有簽署同意書。然而為了保持客源，公司還是選擇繼續與那些具規模的旅行社合作。十年以來，公司一直沿用這套回佣交易模式。

當瑞麟得知廉署曾經到來調查後，並沒有太大的反應。他覺得業內所有公司都是這樣運作的，並沒有什麼不妥。

瑞麟跟員工說：「我真的很不明白，為什麼要查我們？從1970年代以來業界都是這樣運作！我們只是給錢別人，這樣也是罪過嗎？世上哪有免費的午餐。別人幫我們帶客人過來，我們當然要給他們一點回報！」

「話雖如此，既然別人查了，我們就得小心。」

「你們決定吧，具體怎樣操作你們比我懂，我就聽你們的建議。我只是在意陳列室的營業額，競爭越來越大，要想辦法維持優勢。辛苦你們了。」

其實旅遊業內的確存在很多心照不宣的潛規則，想要獨善其身又能分得一杯羹，根本就是癡人說夢。非法回佣之所以盛行與行業的市場結構息息相關。旅遊業自 1970 年代開始已經成為香港的重要產業之一，到 1990 年代的時候競爭進入白熱化階段。本地的旅行社為了承包外來的旅行團，不惜降低接待費用，希望搶到生意。而旅行社又將壓力轉嫁至導遊身上。全職導遊在香港只屬少數，大部分導遊只有低微的底薪，回佣乃收入的主要甚至是唯一來源。因此他們有極大的誘因去收取非法回佣幫補收入。由於導遊是直接面對旅客的，其實他們會對旅客的觀感和消費行為產生極大的影響。他們可以在旅客面前極力推銷一些商品和地點；同樣地，也能肆意批評。在激烈競爭下，靠旅遊團為生的各種陳列室便需要積極拉攏導遊，不斷提高回佣報酬，甚至不惜違法。推動非法回佣交易的誘因就這樣越滾越大，各角色更難以自拔。誰不願意遵守遊戲的法則，誰就不能在競技場上生存。

達峰接任主席後才開始慢慢瞭解這當中錯綜複雜的關係。他曾經想過作出改變，然而他很快便意識到這是一個碰不得的禁區，也開始明白瑞麟當時的難處。只要稍為偏離「行規」，他就是與整個行業為敵，不會再有人願意帶客人過來。當時公司正身陷危機之中，陳列室提供了龐大的現金流，是公司的支柱之一。稍被動搖的話，公司可能隨時崩塌。達峰沒有辦法，只得繼續沿用一直以來的模式。

*

「是會計公司教我們怎樣減稅的。他們是專業的，我當然聽他們呀。可以少交錢，我當然做呀。對不對？」瑞麟說。

「隔了那麼多年，為什麼廉署又突然查起來了？」坤儀問。

「問你的寶貝兒子吧。」瑞麟冷冷地拋下一句。

「紙包不住火，我們根本不可能繼續這樣的了。」達峰盯著瑞麟說。

「你這樣看著我幹什麼？我向自己的公司拿錢有什麼不對？那些不是都是支付我的顧問費的嗎？」

*

瑞麟到現在還是不明白什麼自己會惹上官非，整個人處於極度煩躁不安的狀態。他並不是覺得害怕，他根本不覺得自己會有什麼嚴重的後果。他只是想不通，為什麼廉署要咬著他不放。

對他而言，佣金的處理方法根本就是歷史問題，一直以來所有人都是那樣做的，他不明白為什麼只有自己的公司會被針對。其實瑞麟根本不清楚具體的細節，但他知道夥計總是有辦法拉到生意，與旅行社和導遊保持良好的關係。他始終想不通給別人佣金有什麼問題，「我又不是去偷去搶，只是給錢也要抓？」

但最令他火冒三丈的卻是說他挪用公款的指控。

「有沒有搞錯？荒唐！」瑞麟不斷在心裡破口大罵。

的確，他曾經跟公司的會計提過自己不夠錢用，叫她幫忙想辦法給他弄來一點錢。那時候，瑞麟雖然把主席的位置交給了達峰，但他仍以顧問的方式受聘於公司。瑞麟覺得會計應該有辦法幫他預支顧問費用的。其實不管是什麼方法，只要弄到錢就好了。對瑞麟而言，公司的帳房其實也就是自己的帳房。只是因為現在公司規模龐大了，他要員工代勞才可以把錢提出來而已。

接下來幾個月，瑞麟的秘書都會遞給他一個公文袋，裡面裝有八萬多的現金。瑞麟沒有深究錢的來源，在他的認知裡，那些本來就是屬於他的錢，怎還會問東問西？瑞麟當然知道自己的公司已經是上市公司，有很多規條需要遵守，所有交易都要弄得清清楚楚。但他總是覺得條文是死的，做生意是活的，現實中有很多灰色地帶可以變通，靈活處理。更重要的是，瑞麟始終認為公司是他的，其他股東對他而言是投資者、是公司或者他本人的捧場客。謝瑞麟公司等於謝瑞麟這個概念在他心裡根深蒂固。

所以當瑞麟一想到自己被人當成是小偷，故意去偷公司的錢時就無法控制自己的情緒。「他媽的，我有必要偷自己公司的錢嗎？偷？什麼是偷？是我一手一腳成立這間公司的，如果我要害死公司，我早就把它清盤了！」

瑞麟到底不瞭解公眾公司的定義，也不願意正視公眾公司和私人公司之間的差別。如果他的公司還是一間私人公司的話，他的行為也許不會為他帶來致命的後果。

*

不過，世界上沒有那麼多如果。

「爸，你根本不明白，那已經是挪用公款！」達峰激動地說。

「我是真不明白，為什麼我在自己的公司拿錢是犯法！我說需要錢，然後會計就幫我解決了，我哪管錢怎樣來？那你不也是在公司裡拿錢嗎？」

達峰一臉委屈。「我是為了追回股票才向公司借錢的，我當時實在是沒有辦法！所以我很愧疚呀！我後來也有還給公司的！」

「那你也不用在董事會上才來懺悔吧？你知道你這樣會害死整間公司嗎？」瑞麟也變得激動起來。

「我不知道，我已經不知道怎樣做才是對。」達峰搖著頭，不想再說下去。

*

2002 年的時候，達峰在董事會上披露自己與父親曾經自公司提取現金以及利用空殼公司處理回佣款項。之後，他自行辭任公司的行政總裁一職，但仍然繼續擔任公司的主席。董事會決定成立一個獨立委員會調查事件，亦因而開始引起了稅務局及廉政公署的注意。

瑞麟和達峰兩父子之間的衝突和矛盾早在那時候已開始蘊釀。

到現在，除了達峰自己以外，沒有一個人可以真正理解他當時的想法和做法。

達峰接任主席後，被公司一連串的問題弄得焦頭爛額。在過去幾年，他的私人銀行戶口只剩下很少的存款，外人很難想像一個上市公司的主席居然會那麼窮。他覺得很力不從心，不知道怎樣才能幫助公司渡過難關，也不知道怎樣才能替爸爸追回股票。他只是覺得很缺錢、很缺錢、很缺錢。

達峰最終抵不住心魔，暗中從公司支取了一些款項應急。他當然比瑞麟清楚公眾公司的定義，但其實他骨子裡也跟瑞麟一樣，擺脫不了公司等於謝家家業的想法。他跟自己說，「我只是向公司借一下錢，等危機解除了，我把錢交還就可以了。」其實，達峰一直受到良心責備。雖然他下定決心無論如何都會把借來的錢還給公司，但他清楚知道自己犯下了罪。達峰每天都向上帝禱告，希望可以減輕自己的心理負擔。但日子越長，他的內心越感受到良心的鞭責。有時候，他不禁問自己，「這是否上帝對我的懲罰？祂是否也要離我而去了？」

公司的情況也一天比一天艱難，達峰承受著無比沉重的壓力。一方面，他要盡快找到願意給公司注入資金的伙伴，同時又要確保他們不會把公司吃了。另一方面，他也要趕快贖回瑞麟的股票，以免公司落入他人的手中。另外，他還要抵受各方給他施予的無形壓力。他知道，有很多人根本不看好他，等著看他的「好戲」，也有很多人對公司虎視眈眈，希望趁亂奪權。達峰感到自己腹背受敵，再加上良心的煎熬，他真的覺得自己已經到達一個臨界點了……

結果，他任由情緒蓋過理智，在董事會上坦承一切罪過。瑞麟得知事件後，幾乎氣得當場心臟病發，「他是信教信到瘋了！瘋了！」

在很多人眼中，達峰這個行為的確是荒謬、瘋狂。畢竟你在一個公共場合，告訴在座的人你做了一些犯法的行為，別人很難當作沒事發生一樣離去。然而，對達峰而言，其實他感覺非常釋然，好像上帝一下子就把他的負擔全都收回去。他不敢告訴瑞麟，那時候他的內心感到異常平安。他很想告訴瑞麟：「我們要誠實面對自己。」

*

幾個月後，廉政公署正式落案控告瑞麟、達峰、公司當時的行政總裁、陳列室總經理及前財務董事。審訊過程由 2007 年 8 月 14 日開始，歷時半年多。

這段期間內，謝家幾位成員竭力維持公司正常運作，每天按時上班，好像沒有事情發生過一樣。雖然瑞麟和達峰的關係依然緊張，但他們都有一份無形的默契。即使天塌下來，也不能讓公司倒下來。這是他們的共同信念。

達峰和安儀每天回家後就抓緊時間研究案情。瑞麟因為看不懂法律文件，就算想瞭解其中的細節，也有心無力。他只能把案件交托給律師。瑞麟始終保持樂觀，相信自己可以逃過一劫。長子達明也特意從國外飛回來，給家人支持。

在判決前夕，達峰向安儀訴說了心中的不安。

「如果，我是說如果，如果我和爸爸要坐牢，你可以代我看著公司嗎？」

「不要胡說！」

「你聽我說，如果我們不在了，就只有你可以看家了。我不可以讓公司落入謝家以外的人的手裡。」

達峰接著說：「想不到有這樣的一天……以前我代爸爸看守公司，現在居然要你站出來……」

「你不要擔心，如果，我說如果，雖然我真的不希望是這樣……如果你和老爺不在，我怎樣都會支撐著，守到你回來。」

「對不起，真的很對不起……」達峰的眼眶通紅，不斷重覆說，「對不起，對不起，對不起……」

「什麼對不起，真是的，你哪裡有對不起我了。」安儀緊緊抱著達峰。「我知道你有多努力多認真，你比誰都想公司變好。我知道的，你已經盡力了。」

「你要好好跟孩子們說……我不想他們被蒙在鼓裡。」

「我會的。不管結果是怎樣，就讓我們一家人一起坦然面對。」

「你真是倒楣呢，遇到了我。」

「才不是！謝謝你，謝謝你沒有關閉自己，讓我陪你一起渡過這段艱難的時間。」

達峰輕輕呼了一口氣。「其實我應該感恩了，感謝神讓我遇到你，讓我感受到家庭的溫暖。」

「神自有祂的安排，我們就把一切交給神吧。」

在宣判的同一天，達峰卸下公司主席一職，由安儀頂上。另外，他又讓自己的友人黃岳永接任行政總裁一職。

最後，所有被告被裁定罪成，瑞麟和達峰分別被判入獄 3 年 3 個月和 5 年。

判刑當天，庭上坐滿了瑞麟的親朋好友。瑞麟一直以來都表現鎮定，狀甚輕鬆。但當他聽到判刑時也不禁老淚縱橫。達峰則一臉錯愕茫然，他轉身望向安儀，擠出一個苦澀的笑容。安儀雖然答應達峰要堅強面對任何結果，卻也仍然忍不住落淚。跟隨瑞麟多年的秘書更是失控嚎哭，難以接受瑞麟被判入獄的事實。

對謝家而言，這是無比黑暗的一天。

第二十章｜坐看雲起

這天，安儀一早起來，趕在上班前到監獄與達峰見面。這是達峰坐牢以後，安儀第一次有機會探望他。安儀一直等著，等著，又是緊張又是期待。

達峰終於出來了。安儀見到丈夫後，差點馬上掉下眼淚。

誰知道達峰第一句話卻是：「你怎麼來了？快點回去上班吧，公司要有人看著呢！」

安儀明白達峰並不是真的在責怪她，他只是很緊張公司的情況。達峰見到她還是感到很開心，聊了很多話。但安儀不免還是感到有點委屈，她需要一點時間來適應從四方八面撲來的壓力。公司主席這擔子就像千斤重的巨石一樣，沉甸甸地壓在她身上。她比以前更深切地體會到達峰當時的心情。同一時間，她也感到無比孤獨。她最依賴的丈夫正身陷囹圄，公司只剩下她一個姓謝的與各方周旋。誰是魔鬼，誰是天使，她一時間也搞不清楚。

安儀從來沒有想過要當什麼女強人，在戰場上衝鋒陷陣。她最享受的是家庭生活，相夫教子。如今，她卻不得不以堅強幹練的形象示人，把自己塑造為一個可靠的領袖。她在上任的第一天，即召集全體員工向他們說明情況。她知道很多員工對公司發生的事情一知半解，感到非常徬徨不安，士氣低落。所以她決定親自站在臺上，向他們交代清楚事件，希望挽回他們的信心和爭取他們的支持。安儀漸漸接受了自己新的角色。她跟自己說：「我並不是要變成女超人，我是謝達峰的妻子。我要做的是協助他看守這個大家庭。我在這裡是要代表他的意志。」

達峰把公司託付給安儀後，叮囑她要好好整頓公司，挽回大家的信心，並向聯交所爭取復牌。受到案件的影響，聯交所暫停了公司股票在股票市場的所有交易。這是一個相當艱鉅的任務。當時公司人才凋零，不少董事和高層員工因為案件的緣故早已紛紛離職另謀高就，可謂蜀中無大將。

危難中有人急於割蓆自保，也有人會挺身而出，雪中送炭。

黃岳永屬於後者。達峰曾對安儀說：「相信 Erwin 吧，他會幫助我們的。」

岳永與達峰其實是世交，他的父親與瑞麟相識，他自己與達明更曾是中學的同班同學。岳永後來也去了美國唸書，在美國的時候他與達峰幾兄弟姐妹熟稔，有一段時間更是達峰在信仰上的導師。岳永一直留在美國工作，從事資訊科技的工作，父母病重始回流香港。岳永後來在自己的婚宴上重遇達峰。達峰見岳永當時沒有工作，隨即邀請他加盟公司。岳永有點心動，但又不知道自己是否真的合適，於是答應以兼職的身分先上班幾天試試看。誰料到，岳永才上班五天，瑞麟父子便被廉署拘捕扣查。當時因為公司所有資產都被凍結了，於是岳永跑去銀行取錢保釋他們。

達峰很感激岳永的幫忙，但他不敢挽留岳永。他跟岳永說：「都是我不好，給你找上麻煩了。之前我們也說好，你可以來公司先試試看，不喜歡的話隨時可以走。現在發生了這樣的事，我更加不好意思勉強你待下來。我會尊重你的決定。」

岳永說：「讓我好好想一想吧，我回去跟家人商量一下。」

這對岳永而言並不是一個容易的抉擇。他心知肚明，一場巨大的危機正在急速蘊釀，這間公司接下來肯定會遇到一連串的問題。如果要明哲保身的話，現在就應該果斷離場。然而，他馬上又想到達峰的一片好心。當初他是出於關心，才力邀自己加入公司的。岳永思前想後，與家人取得共識後，最終決定留下來幫助謝家渡過難關。岳永這決定很大程度上是受到他的基督信仰所影響。他覺得這是神給他的使命，要與謝家同行，經歷眼前的苦難，就像守護天使一樣陪伴他們。於是，岳永答應達峰出任公司行政總裁一職，全力輔助安儀。

*

安儀在岳永的協助下開始推行一連串針對改善企業管治的措施。他們的目標很清晰，就是要讓公司給人感覺比白紙更清白，合乎所有規定，一切帳目清楚分明。陳列室的回佣制度是惹出官非的主要原因，以前大家都不願意觸碰這個敏感地帶。事到如今，安儀他們不得不正面處理陳列室的問題。其實她和岳永也花了很長的時間去瞭解陳列室的運作，一開始的時候他們也搞不清楚問題所在。汲取了過去的沉重教訓，他們決定嚴格要求所有合作的旅行社必須與公司簽訂合約，白紙黑字列明合作和佣金條款。公司因此損失了近一半的合作伙伴。但安儀覺得這些代價都是值得的。「我們曾經犯錯，現在我們就是要面對過去，努力改正。最重要是不能一錯再錯。」她堅定地說。

同時，安儀和岳永也想盡辦法減少陳列室的現金交易。以往幾乎所有交易都是以現金方式進行。業界裡也一直都是這樣運作的，由旅行社老闆、導遊到開大巴的司機，全都喜歡收取現金。經過一番努力後，安儀他們成功將大部分的交易轉為以非現金的方式進行，例如以銀行自動轉帳和支票付款，確保每項交易都有根據和紀錄。他們也加強了公司內部的監察制度，除了設置內部的核數小組外，又額外聘請多一個獨立核數師去監察公司的核數師。花了那麼多功夫，他們想做的就是向人證明這間公司已經在改變。「這間公司是一間傳統的家族企業。以前創業者只管做好生意，沒有餘力做好企業管治。我們已經針對以前積累的種種問題，建立了新的機制。」岳永與聯交所的代表開會時強調公司所作出的一系列的改革。

安儀和岳永的努力最終沒有白費。在停牌三年半後，公司終於獲准復牌。復牌當天，股價升逾近 3 倍。

岳永輕輕拍了一下安儀的肩膀說：「Well done！當年很多人都不相信你可以勝任主席，現在你已經證明了自己的能力。你做到了！」

公司復牌當然是可喜可賀的事情，但安儀並沒有像其他人一樣激動興奮。她只是覺得壓在心頭上的一塊大石突然被打碎，現在她總算可以舒一口氣。其他人只是看到她的成功，但無法真實瞭解她每天過著的生活。

從接任主席的那一天開始，安儀便沒有忘記自己只是代夫從軍，她只是在代達峰完成他該做的事。安儀每天都會跟達峰寫信，跟他報告公司的大小狀況。有時候她會處於兩難局面。一方面，她總是要把達峰的意願放在第一位，希望做他想做的事情。另一方面，她也要兼顧實際情況，作出對公司最為有利的選擇。因為達峰不在公司，無可避免地難以跟上最新的市場情況，很多東西他一時間都不能接受。安儀往往需要花很大的心思和很長的時間與他溝通，希望爭取他的理解和支持。當然以她的職權，安儀大可以無視達峰而一意孤行，但如果這樣做的話一切就變得毫無意義了。她根本不想要權力，她只是想令達峰安心、開心。對她來說，達峰的認同比一切都來得重要。每天下班後，安儀還堅持與孩子聊天和陪他們做功課。她不可以容忍自己因為工作而忽略家庭，這不是她想要的東西。安儀無時無刻提醒著自己，不論怎樣都不可以忘記了什麼才是最重要的。

*

「阿謝，你的新抱[1]還挺厲害的！」獄友知道瑞麟公司的情況後，在休息的時候馬上走來恭賀他。

「還好啦，還好啦！」瑞麟雖然努力裝出一副平靜的模樣，但還是忍不住笑起來。他一開始也對安儀不抱有什麼期待，但這次她的表現也令他刮目相看。

「股價還升了不少呢。」

「叫你的朋友多多捧場吧。」

「上天也為了你復出鋪路呢。」

「說什麼傻話，哼，我這死老頭的話還有人會聽嗎？」

「這很難說，你很快就可以出去了吧。」

瑞麟沒有搭話，獄友繼續說：「唉，我說你呀，真的是倒楣死了。公司本來好端端的，不是嗎？如果你不是上市了，根本不會搞到這樣。」

1「新抱」是粵語，意思是兒媳。

「當時不上市就沒錢了，上市以後才有錢擴張。」

「總之你是倒楣就是了。」獄友見瑞麟臉色有變，便慢條斯理地走開了。

剛來監獄的第一個月，瑞麟的情緒很差，一時間未能接受自己坐牢的現實。後來，他已經漸漸習慣了這裡的生活，也交了好幾個「獄友」。雖然說是坐牢，但其實這邊的生活並不是太糟糕。瑞麟住在100呎左右的獨立監倉，不用怕給人滋擾。事實上，在獄中他遇到的人大部分都對他很友善，沒有出現任何霸凌的情況。太平紳士們及署長都認得他，巡房時都會跟他打招呼。

諷刺的是，只有在監獄這樣的封閉環境下，瑞麟才有餘暇仔細回想過去發生的種種事情。自從金融風暴一役後，他除了上班工作，記掛公司的事情外，還要應對一浪接一浪的危機，根本不可能有時間靜下來，慢慢思考。過去十年，他就像一只置身在大風暴的小船一樣，無時無刻都在被大浪拍打重擊，一直處於半迷暈的狀態。瑞麟開始懊悔自己所作的一些決定。他很後悔自己沒有在庭上抗辯，也沒有找人幫忙仔細察看法律文件，找出破綻。

「你當時為什麼不自己答辯了？照我看來，這案子是可以打的，不用罰那麼重。」

「你肯定是給人害的啦，那麼多人不抓就抓你。」

與獄友討論過案情後，瑞麟越想越生氣，他始終不明白為什麼自己最後會淪落到坐牢。「我做了什麼傷天害理的事情了嗎？

我殺人放火打家劫舍去了嗎？我只是幫人也要給人抓！」瑞麟無法壓下內心這道忿忿不平的聲音。其實最令他受到傷害的是他被人描繪成賊子偷騙公司的錢。他覺得他為了這間公司幾乎是奉獻了自己整個人生，沒有他就根本沒有這間公司，誰料到現在居然給人喊成賊子。

「世界上唯獨只有我一個沒有可能會去害公司的！」瑞麟激動地說。

「要怪就怪你的兒子吧。我也真的想不到為什麼他會那樣做。難以理解，難以理解。」

瑞麟的確無法原諒達峰。他可以忘記達峰過去所做的一切令他生氣的事，卻接受不了達峰讓自己背上犯人這惡名。無論瑞麟怎樣嘗試開導自己，他始終無法解開這心結。他甚至可以原諒轉為廉署污點證人的前員工。他覺得那員工也是走投無路才選擇與廉署合作。但他就是無法原諒自己的兒子。他覺得自從達峰代他掌管公司以後，一朝得志，於是存心與父親對抗。他又覺得過去幾年自己一直被人牽著鼻子走，才會弄到如斯田地。他決心要重奪主導權。

「只要你復出就不一樣了。以前你混得那麼好。」

「沒有什麼好啦！好就不會像現在這樣！不過，我做珠寶的確從沒輸過，都是賺的。」

瑞麟沒有因為入獄而意志消沉，相反卻變得雄心勃勃起來，一心希望東山再起。那時候，瑞麟想著的就是要拼命討回他失去的一切。

服刑 18 個月後，瑞麟因為行為良好，獲提前釋放。對謝家而言，這本是一樁值得慶祝的喜事。誰料到瑞麟不久後即掀起一場新的風波。他大興訴訟，入稟法院要求達峰交還股票。那時候，達峰還在獄中服刑。

其實瑞麟在提出訴訟之後便開始對自己的決定感到有點猶疑。「我是不是有點衝動過頭了？這樣做真的是明智的嗎？」他心裡不禁產生一些疑惑。然而在一開始，他還是竭力要掃除這些疑慮。他覺得他是在做該做的事情。明明公司本來是他的，為什麼就不可以要回來了？瑞麟本來就一直心存不忿，在朋友推波助瀾下，決定放手一搏，希望循法律途徑取回股票。他根本不懂法律的事情，但既然朋友說有辦法，他便照計行事，心想：「反正我連牢都坐過，沒有什麼可以輸掉了！」

其實瑞麟獲釋後經常流連在外，不願意回家。他的內心非常寂寞，覺得家人都不能理解他的感受。那種被人從高峰摔下地的痛，別人往往無法真正理解。瑞麟在金融風暴後患上了焦慮症，情緒波動厲害，思想也變得負面。因為一直以來瑞麟總是擺出一副堅強輕鬆的模樣，很少人會察覺到他其實很需要別人的關心與開解。達峰起碼有信仰和安儀支撐。瑞麟頂多只能向友人抱怨、發牢騷，卻始終無法真正化解心中的鬱悶。聽著朋友左一言右一語，瑞麟自然蠢蠢欲動，希望搶回自己的尊嚴。

瑞麟這一突如其來的舉動令謝家上下錯愕不已。

坤儀知道事情後，非常生氣。她跟瑞麟說：「就算兒子做錯了些什麼，你也不必這樣做吧？你居然告自己的親生兒子？」

坤儀見瑞麟一聲不吭，更加火大。「你是嫌我們家裡這段日子以來事情不夠多是嗎？你都七十多歲了，你就非要搞事搞散這個家不可嗎？」自此坤儀一直對瑞麟不揪不睬，她不明白為什麼瑞麟要把好端端的一個家弄得四分五裂。

與坤儀吵架後，瑞麟一直悶悶不樂。他開始為了自己的衝動而感到後悔，他根本沒有想過事情會弄到那麼嚴重，讓一家人那麼不愉快。雖然瑞麟一直以來都把全副精神和時間放在公司上，但其實他最終的目的只是希望讓家人過上好的日子。從小時候到現在，這個目標從來都沒有改變過。但結果又是怎樣呢？結果兒子坐牢，兒媳要站出來面對大眾，妻子傷心欲絕。「這到底又是為了什麼？」瑞麟不禁問自己。

過了不久，瑞麟便主動撤銷案件。

*

有些傷口無法一朝一夕痊癒，需要由時間和耐心慢慢撫平。

這次事件過後，安儀決定要主動一點，嘗試化解家裡的種種矛盾以及瑞麟心中的鬱結。她意識到或許這一切都是溝通的問題。如果沒有人願意邁出第一步的話，問題只會一直惡化。安儀知道瑞麟和達峰兩父子的脾性，要他們主動先低頭是不可能的事情，倒不如由她作為中間人從中調停。以前安儀與瑞麟甚少聊天，畢竟兩人的背景相差很遠，實在沒有什麼共同話題。現在，安儀經常帶孩子去探望瑞麟和坤儀，以增進彼此的感情。有時，她也會與瑞麟分享聖經故事，希望有一天他會感受到神的聲音和力量。

一點一滴地，圍封著謝家的冰牆開始融化。

一年多後，安儀終於盼到達峰回家了。在家裡的女人推動下，瑞麟和達峰也開始打破僵局，願意對話溝通。以前的事情他倆都不願意再提起，他們只是關注公司接下來的發展。公司是他倆之間無可割斷的羈絆。

2011 年 9 月 1 日，瑞麟和達峰正式重返公司。因為有案件紀錄，達峰無法重掌主席一職，安儀繼續替他代掌該位，公司改為聘用他為副行政總裁。公司也聘用瑞麟為顧問，並賦予他「創辦人」的頭銜。

「這只是虛銜，有什麼好高興的！」瑞麟總是表現得不以為然，但其實他已經慢慢感受到達峰的心意。

雖然瑞麟只是顧問，但達峰把公司裡最大的辦公室預留了給他。辦公室門上掛著一個牌子：創辦人謝瑞麟。當時公司已經來了一批新人，但他們都對瑞麟很尊重，每次見到面的時候必定會恭敬地與他打招呼：「謝生！你好！」瑞麟年輕時的照片也懸掛在公司大堂當眼處。

雖然瑞麟的身分已經不同了，但有些東西又好像彷彿沒有改變。有時候，瑞麟會想，其實達峰是他最疼愛的小兒子，為什麼他們之間的關係會弄成這樣呢？瑞麟看著員工認真工作的模樣，也感到有一絲絲的安慰。雖然公司經歷了那麼多困難，但生命力驚人，現在更已經走出谷底，重拾以往的生氣。最重要的是公司始終是謝家的。達峰和安儀為公司付出的心血，大家有目共睹，瑞麟也不得不承認他們為公司作出的奉獻是真心的。

道理瑞麟雖然明白，但要他完全放下心中的執念並不是那麼容易。這也是人之常情，畢竟我們很多的想法和行為並不是可以純粹用理性角度去解釋。很多時候，我們需要有親身的經歷和深刻的體會，才能對自己作出比較徹底的反思。

後來，瑞麟有幾位相識多年的好友相繼離世，對他造成很大的衝擊。「怎麼明明兩個星期前才剛看過他，昨天就突然去了？」瑞麟想不明白。突然他心裡產生了一種莫名的恐懼感，他很害怕自己會孤獨死去。他忍不住想，什麼時候到我了？

瑞麟的心境慢慢開始出現變化，不知不覺之間他開始放鬆了自己的心，開始學會扔掉自己心中的石頭。他慢慢忘記了以前一些執念，這是很自然的過程，自然得連他自己都嚇了一跳。他開始發現自己根本想不起來以前到底執著些什麼，為什麼要那麼執著。以前坐牢的畫面也慢慢在他腦海裡褪色。其實真的不是他不願提起，也不是刻意要忘記，只是那些日子對他而言已經變成過眼雲煙，自動地從記憶中慢慢剝落。

到了這個時候，瑞麟終於接受了自己角色的轉變。其實他很早就開始感覺到自己已經跟不上公司的步伐，他的世代已經漸漸成為了歷史。雖然他努力不讓自己脫軌，叫員工幫忙上網查資料，又學習使用智能手機，但他明白後浪已經掩至，即使他怎樣努力，也不可能改變這個事實。只是之前他咽不下這口氣，不肯接受種種的改變。現在他卻願意配合達峰，做好自己的新角色。瑞麟對公司的關心程度一如既往，他每天都會準時上班，又會密切留意市場的動向。他會向達峰表達他的意見，只是他不會強求達峰接受他的那一套。公司制定了一些決策後，瑞麟也盡量不再多言。他覺得公司的決策者應該只有一人，太多不同的指令只會令員工無所適從。不在其位，不謀其政的道理其實瑞麟非常明白。

現在，瑞麟只是一心一意想著如何在餘下的日子裡為公司做多一點事。他開始厭倦回望計較過去的得失，他比過去任何時候更珍惜當下的時光。

*

瑞麟自從回歸公司以來，開始以創辦人的身分出席不同的公司宣傳和公益活動。有一次，他獲邀去大學進行演講。

公關部的主管在走廊上碰見瑞麟，連忙拉著他，「謝生！之前跟你提及去大學當客席講者一事已經定下來了。我待會給你多一點資料，你可以先想想有什麼東西想跟學生分享。」

「啊，好的！我會去想一下。」

有時候，瑞麟覺得世事真的很奇妙，他沒有想到一個連小學都沒有唸完的人，居然可以踏足大學跟飽讀詩書的人分享自己的經歷。雖然他以前見識過各種大場面，但一想到要去大學演講還是有點莫名的興奮和緊張。

「其實我這個人有什麼好說的呢？」瑞麟不禁想。「又不是特別有錢，特別成功。」

瑞麟步出辦公室，登上了掛著「100」車牌的座駕。

「阿言，我想先去五記吃碗魚蛋粉。」

「好的，謝生。」

瑞麟在車上努力回想記憶中的片段。童年、青年、當了老闆之後，以及金融風暴後的種種，這些片段早已被他塵封在回憶的深處，好一段時間沒有觸碰。瑞麟看著窗外的景物，腦海出現了一幕幕有如舊照片般泛黃的畫面。

車子最後停在上海街的一角。瑞麟下車後，不知怎的聞到一種熟悉的味道，突然感觸起來。他看著街道上殘舊的大廈，不禁想起兒時的一點一滴，那些與哥哥和妹妹一起玩耍的片段突然變得異常清晰。他也想起那短暫但快樂無比的上學時光。瑞麟感到很驚訝，想不到幾十年前的事他居然記得那麼清楚。更加神奇的是，他好像只是清楚記得那些美好的事情，而那些令他痛苦不堪的片段卻怎樣也顯得模糊不清。

「一碗細蓉！」瑞麟在麵店坐下來後，不用看餐牌就直接點菜。他是這裡的常客，每次都是點同一樣的東西。

「細蓉一個！」侍應向廚房的方向大聲呼喊。

店裡人不多，食客大多是跟瑞麟年紀差不多的人。這時，有一個中年人帶著幾個小孩走進店裡。幾個孩子不知道為了什麼而爭吵不休。他們的父親很有耐性，並沒有打罵他們。他答應給他們每人都點一杯可樂之後，孩子們便都滿足地笑著。

瑞麟看著那個人就想起達峰，他們的年紀相若。瑞麟想到達峰和安儀花了很多時間陪伴他們的孩子。女兒追星，他們居然還陪著她瘋狂，一起去聽演唱會，還要站著跳舞。瑞麟一想到這裡就忍不住搖搖頭，覺得他們全都瘋了。他自忖：「以前哪有可能這樣？孩子都養不起，還說什麼陪他們去玩。」

那個中年男人不停逗著孩子們，臉上流露出非常幸福的表情。瑞麟突然想起，達峰曾經埋怨他把時間都花在公司上，完全不理孩子。他那時候只是覺得達峰不懂事，不能體會父親的辛苦。瑞麟拼命回想，希望想起一些自己跟孩子一起相處的片段，但無論怎樣他都只能尋回一些碎片。他好像突然明白過來，明白達峰和安儀的瘋狂。那是為了彌補一些什麼嗎？然而有些東西可能是無法彌補的，一旦錯過了就永遠追不回來，比如說共處的時光。

瑞麟返回車上後，有點若有所失。

「怎麼了，謝生？」

「沒什麼。阿言，你等我一下，我去打一個電話。」

瑞麟走出車外，從口袋裡拿出手機，花了一些時間終於翻查到達明的電話。他按下通話鍵。

「喂，大 B ！你之前不是說要我和你媽過去探望你嗎？最近公司沒有什麼特別的事情，我應該比較有空。」

在電話的另一邊，達明說了一些話。

瑞麟回應說：「香港這邊是不是出了什麼狀況？沒有狀況！我有沒有事？當然沒事！是你媽一直嘮叨我，我受不了。她一直嚷著要去看孫兒，又說大兒子答應了她要陪她吃好的買好的。」

他們又講了幾句話。瑞麟最後說：「好了，我先掛了，長途電話很貴。旅行的事你就幫我安排一下吧，我過兩天再找你。」

瑞麟返回車內，得意滿足之情表露無遺。這次，司機沒有再說些什麼，只是靜靜等候瑞麟的指令。

「好，可以出發了，我們去看鋪吧。」

「好的，謝生！跟平常一樣去 T4 嗎？」

「嗯，先去 T4 再去其他店吧。我們要努力一點，公司落後了不少，不努力就不行了。」

「是的，明白！」

瑞麟始終如一地保持著衝勁。不同的是，他好像明白了其實他心裡最重視的是什麼。

《坐看雲起——平民商人謝瑞麟》

◆謝瑞麟先生回應◆

我出身卑微，香港淪陷的時候，真的是家徒四壁，一餐飯都沒有吃過。我父母甚至要將我大哥賣給別人，幸好後來可以一家團聚。13歲已當打金學徒，自那時起，我就沒有問過我父母拿過一毛錢。由於我只讀過兩年書，加上當時社會環境惡劣，我只能咬緊牙關，靠自己勤懇拼命工作，我深信只有勤力去做才能闖出一片天。我一生看過的書本不多，在記憶中，我還沒有真正完整地看完一本書。我今年80歲了，沒想到今天看了一本關於我軼事的書，還不止看過一遍呢。在這裡，我必須感謝作者周凌楓小姐與王向華教授，用我的生平創作出這部有趣的小說，還邀請我寫這篇回應。

看這本書，感覺好像看了一齣電影，是關於自己的電影，感覺很奇妙。好像把我多年來的往事一幕幕展現眼前，勾起我很多回憶。但我感覺這二十章節其實只是我人生中的一小撮部份。老實說，情節很平淡，深度不夠，沒太多高潮，回想過來，我的經歷還有更多戲劇性的情節呢。

作者用了很多章節寫我的出身、創業以至生意愈做愈大，而我在 2000 年後遇上幾件大事，則寫得比較簡短，如我如何被銀行追討還款至申請破產再成功撤銷破產令，又或是我被廉署起訴、被判入獄以至坐牢的日子，書中著墨很少。我想讀者們更有興趣看一本《破產的日子如何渡過——謝瑞麟》或是《牢獄中的生涯——謝瑞麟》！

別人看我的人生很傳奇、大起大落，我自己回望過去卻沒有很大的感覺。我只覺得自己經歷過不少事情，很多事情是很好的；即使也有很壞或不如意的時候，還是會平穩過渡，事情還是會過去。正如書中提到 1970 年代初，香港貿易發展局邀請我到美國紐約參加國際珠寶展，當時出發前的準備，到我真正第一次踏足紐約這個國際大都市，以至展覽會當天的每個細節，我還記憶猶新。展覽會那天剛開門的時候，一位漂亮的中年女仕（事實並非文中「體格魁梧的男仕」）走進我攤位隨意的看看，便選購了我整個攤位一半的貨品，既不談價錢又沒多說話，那刻我真的一頭霧水，心裡忐忑不安，當晚徹夜難眠。幸而第二天，這位漂亮女仕再出現，來到我的攤位付款取貨。原來此客人正是在紐約擁有幾家珠寶百貨公司的老板娘，她的名字叫科純羅芙，那一刻我才鬆一口氣。

而書中不少情節我都不敢肯定是否真有其事，例如講述我第一個徒弟黃輝結婚時，我曾經借錢給他應急，我第一個反應是「這件事真的發生過嗎？」我有否給黃輝借錢結婚早已忘記得一乾二淨，只感到若這不是事實，我真的不想這樣寫。後來我知道兩位作者為這本書做過很認真的資料搜集，與公司上下很多員工做過訪問，這也是黃輝自己跟作者說的，我才感覺好多了。

我教育程度不高，但我重誠信、守諾言，還總覺得很多員工比我更優秀、更能幹，做生意這麼多年，很多事情都是靠我的員工幫我解決，我敢說我用人大方、無顧慮，員工為我效力，我定必給予合理的待遇。即使員工離職自立門戶我亦處之泰然，與同行更是從無結怨，對於合作伙伴與客戶，我也是以誠信行先，希望做到雙贏，而且是別人比我贏得多，我不怕蝕底，只怕得不到好的合作夥伴，那才能建立長遠而健康的合作關係。

說到客戶，文中提到珠寶公司老闆娘姚太太，她正是我第一個的客人。她住在彌敦道的華源大廈（而非文中所寫「山林道」），窗口向著加拿芬道，還記得那天早上五時多，她就站在窗旁看著我提著貨跑到她家裡交貨，應承了姚太太一夜間可以交貨我就定必做到。此後，我得到姚太太信任和全面照顧，月初她會借錢給我買工具、買材料做貨，月底交貨時我定必把錢還給她。那時候姚太太就是欣賞我堅守承諾，給我很大的支持，到今天我還是很感謝姚太太。我亦會飲水思源，所以在行內一直受人尊重。

事實上，現在看到書中一些連自己都記不起的往事，感覺很奇怪。但我還是覺得很欣慰，無論書中的情節是真是假，我「謝瑞麟」在作者和受訪者眼中都是一個重情重義、以誠信為本的人。

另外，書中寫到「『謝瑞麟』就是我，我就是『謝瑞麟』！」也是很有感覺的。當初自立門戶時跟本沒有想太多，那個年頭不工作就沒收入，沒收入就會餓死；即使對員工，我多年來未試過一次延期出糧，每個員工背後都有一個家庭，我明白錢及準時出糧對他們的重要性。同樣地，我一直覺得錢對我很重要，日做夜做，可說是把全部精神放在公司上。後來公司陷入財務危機，我亦決定犧牲自己，寧願自己破產，也要保住公司及員工。不知不覺，原來我早跟公司混為一體，分不清楚了。即使現在，早已把公司交給兒媳，我還是會每天上班，給他們一點意見。

最後，我不得不佩服兩位作者的想像力和創作力，他們用了小說的手法把我的故事加上了對白和角色，令故事更有趣味性，當中更有一種張力，令讀者很想繼續看下去。而究竟這本書的故事有多真實？我會說「本故事乃真人真事改編，部分情節純屬虛構，如有雷同，實屬巧合。」

2016 年 11 月於香港

國家圖書館出版品預行編目（CIP）資料

坐看雲起——平民商人謝瑞麟 / 周凌楓、王向華作 . -- 初版 . -- 新北市 : 華藝學術出版 : 華藝數位發行 , 2017.01
面 ; 公分 .
ISBN 978-986-437-123-5(平裝)

1. 謝瑞麟 2. 傳記

782.886 105021224

坐看雲起——平民商人謝瑞麟

作　　者／周凌楓、王向華
責任編輯／鍾曉彤
美術編輯／ ZOZO DESIGN
版面編排／王凱倫

發　行　人／鄭學淵
總編輯 / 副總經理／范雅竹
發 行 業 務／陳水福
共 同 出 版／華藝學術出版社（Airiti Press Inc.）
地址：234 新北市永和區成功路一段 80 號 18 樓
電話：(02)2926-6006　傳真：(02)2923-5151
服務信箱：press@airiti.com
發　　　行／華藝數位股份有限公司
戶名（郵局／銀行）：華藝數位股份有限公司
郵政劃撥帳號：50027465
銀行匯款帳號：045039022102（國泰世華銀行　中和分行）
法律顧問／立暘法律事務所　歐宇倫律師
ISBN ／ 978-986-437-123-5
DOI ／ 10.6140/AP.9789864371235
出版日期／ 2017 年 1 月初版
定　　價／新臺幣 380 元